보아스 노바스
BOAS NOVAS

강성철 지음

보아스 노바스
디아스포라인 타문화권 개척선교 40년

초판 1쇄 인쇄 2021년 9월 30일
초판 1쇄 발행 2021년 10월 1일

지은이: 강성철
펴낸곳: 한국선교KMQ

편집코디: 최선희
교정: 전은옥
북디자인: 이지은

출판신고 2017년 6월 14일 제2017-000025호
홈페이지 http://kmq.kr
이메일 kmqdesk@gmail.com
전화 070-5222-3012

Copyright ⓒ by Sung-chuel KANG All rights reserved.
이 책의 저작권은 강성철에게 있습니다.
이 책은 저작권법에 의해 보호를 받는 저작물이므로
무단전재와 무단복제를 금합니다.

ISBN 979-11-973435-3-7
* 독자의 의견을 기다립니다.

값 10,000원

디아스포라인 타문화권 개척선교 40년
보아스 노바스
BOAS NOVAS

강성철 지음

목차

머리글   4

추천 글
- 김의원·박기호·강승삼·김정웅·성남용·하재식·김용식   6

I. 브라질과 한인
- 나는 브라질이 좋다   20
- 브라질 한인 정착과 선교 역사   34
- 브라질 사역 현장에서 자신학화   52

II. 디아스포라
- 디아스포라 선교   72
- 브라질 디아스포라 한인교회 현지인 선교 사역 연구   88
- 브라질 디아스포라 한인 1세대와 2세대가 함께 풀어나가야 할 문제   122

III. 도시 빈민
- 가난과 선교-상파울루 도시 빈민을 중심으로   138

IV. 중남미 선교 전략

- GMS 브라질 신학교 사역: 브라질교회의 변혁과 갱신   166
- 중남미 선교 전략 연구: 다음 세대 리더 발굴 및
  훈련과 파송의 중요성과 중남미 선교를 이어갈 MK 및 PK 선교 동력화   196
- 중남미 선교 정보 및 미래 선교 전략적 방향   208

V. 선교와 여행

- 첫 번째 여행- KIM 창립 20주년 기념 정책 회의 초청   222
- 디아스포라 선교 합창단   227
- 브라질 국토 순회 선교 여행-청소년들과 함께   235
- 브라질 내륙 버스여행   239
- 바르코 여행   245
- 보아 비스타   248
- 샤반찌족과 함께 한 정석범 선교사   250
- 디아스포라인의 여행   252

머리글

필자는 학자가 아니라 학문의 깊이와 연구가 약하다. 필자는 작가가 아니라 문장의 표현이 서툴고 자유롭지 못하다. 그러나 못 생긴 나무가 산을 지키듯 40여 년 세월, 브라질에 살면서 가장 가까이 많은 시간을 도시 빈민들과 함께 하였으며, 타문화권 개척선교사로서 복음을 전파하며, 아버지와 아들과 성령의 이름으로 세례를 베풀고, 주님께서 분부하신 대로 모든 족속을 제자 삼으며 살았다.

20여 년은 디아스포라 한인교회를 섬기면서 교회와 함께 선교 과제를 풀어가며 다양한 선교적 경험을 하였다. 나아가 세계를 가슴에 품고 라틴아메리카를 무대로 삼고 브라질에서 출발하여 세상을 밟아 나갔다. 세상 끝날까지 함께 하시겠다고 말씀하신 주님께서 필자와 함께 하셨기에 부족함이 없이 디아스포라인 타문화권 선교사로서 40여 년 광야생활을 할 수 있었다.

1장에서는 필자가 경험한 브라질과 브라질 사람들, 이 땅에 머문 브라질 이민 역사와 브라질 한국인의 역사를 다루었고, 2장에서는 디아스포라인 타문화권 개척선교사로 산 디아스포라 선교역사 연구를 다루었다. 3장은 가장 가깝게 많은 시간을 할애하며 함께한 도시빈민과 가난을 생각해 보았다. 4장에서는 중남미 선교를 위한 전략을 나누었고, 마지막 5장은 두루 다니며 경험을 통해 알게 된 지혜를 나누고자 선교와 여행을 다루었다.

4차 혁명이 시작되고 뒤이어 코로나19 팬데믹 광풍이 전 세계를 강타하면서 국경이 봉쇄되고 사람과 사람이 사회적 거리를 유지하고 비대면으로 환경이 옮겨가면서 세상 사람의 목적과 가치관과 의식 구조도 바뀌고 있다. 국가와 사회체제가 붕괴되고, 이전에 잘나가던 직업들이 사라지고, 새로운 물결이 쓰나미 현상을 이루며 물밀듯 밀려온다. 지금 선 곳에서 문화와 상황을 어떻게 수용하면서 복음을 전할까? 현실 속에서 신음하며 고통 속에 도움을 간구하는 수많은 이들에게 복음을 어떻게 전하고 선교할 수 있을까를 고민하며 주님께 지혜를 구한다.

하나님 나라의 도래를 기다리며 마지막 시대 마지막 구간, 바톤을 받아 주님의 지상명령을 수행하며 하나님 나라를 확장해 나갈 다음 세대들과 타문화권 개척 선교사들과 공유하기를 소원하며 이 책자를 펴내었다.

"40여 년 선교지 브라질에 뿌리를 내리고 일할 수 있도록 함께 해주신 여호와이레 하나님께 감사와 찬양과 영광을 돌려드립니다." 그리고 함께 멀고도 어려운 광야길을 걸으며 묵묵히 뒷바라지를 해준 사랑하는 아내와 함께 해준 혜연, 진구, 며느리 수희에게 감사한다.

끝으로 이 책의 글들은 그동안 미주 크리스천 신문, 남미복음신문, 아태아 저널, KMQ, GMS저널 등에 기고한 글들을 모아 만들었다. 전문적인 편집과 조언으로 함께해준 최선희 선교사에게 감사하고, 특별히 나이 많았음에도 불구하고 선교사로 재파송해 주신 신전주교회와 김상기 목사님께 감사드린다.

2021년 9월 8일
남서울교회 선교관 2층 5호에서
강성철

추천 글

이 책은 아에타(AETA, Association of Educators and Trainers in All-Tribes)의 선임 연구원인 강성철 박사가 자신의 선교사역-브라질 현지인 선교, 디아스포라인 한국 교민을 위한 목회와 특히 상파울루 지역의 도시 빈민 선교 등-을 자서전 형식으로 기록한 것이다. 강성철 선교사는 브라질을 중심하여 중남미 전역에서 40년을 넘게 사역을 하면서 도처에 선한 영향력을 끼친 하나님의 사람이다.

저자는 이 책을 학자들의 눈높이에 맞춘 선교신학의 전문서적으로 기록하지 않았다. 그런 책들은 서점에 즐비하게 꽂혀있지만, 저자는 남미라는 특정한 선교현장을 접하는 사람들을 위하여 쉬운 글로 기록하였다. 저자는 신학교 재학시절부터 이론을 추구하면서도 이를 현장과 어떻게 연계시킬 수 있는가에 관심을 두었던 사역자였다. 그런 연유인지 오랜 세월 동안 선교현장을 누비던 저자가 21세기 바울처럼 현장의 눈높이에 맞추어 자신의 '선교행전'을 여러 스토리로 엮어냈다. 선교를 학문적으로 접근하면, 현장 속의 삶은 사라지기 마련이다. 그러나 저자는 선교현장 속에서 겪었던 삶의 여정을 기록하였기에, 이 책은 살아 숨쉬는 선교현장을 보여준다. 이 책을 읽어나가노라면 독자들도 자신들이 강선교사와 같이 동역하는 느낌을 갖게 된다. 곧 독자들도 자신들이 선교사라면 이런 정황에서 어떻게 사역할 수 있나를 보게 해준다. 이 책을 읽음으로 선교사들의 사역을 간접적으로나마 살필 수 있다.

저자는 선교현장을 보여주면서 계속하여 한 가지 사실을 강조한다. 곧 자신이 만난 예수님, 자신에게 특별한 은혜를 베푸신 예수 그리스도를 전하기 위하여 땅끝까지 달려가는 하나님의 종으로서의 모습을 진솔하게 보여준다. 저자는 이 책을 서술하면서 복음 전도의 열정을 잃어버린 현대 교회와 목회자들, 더 나아가 성도들에게 삶의 최고의 가치인 복음의 내용과 복음을 전파하는데 40년 세월을 보낸 노 선교사의 삶을 전달하면서 모두가 분발할 것을 촉구하고 있다.

추천자는 타문화권 선교에 관심을 가진 목회자들과 선교사들뿐 아니라 신학도들, 또 평신도들에게 반드시 일독하도록 권한다. 이 글을 읽어 나감으로 독자는 저자가 21세기 선교현장을 누비면서 체험하는 여러 정황을 전하는 생생한 '선교사역 보고서'를 접할 수 있다. 강성철 선교사의 이야기는 바로 오늘을 사는 우리들의 이야기이다. 그만이 선교사가 아니다. 우리도 그와 같이 주님의 부름을 받아, 삶의 현장을 선교현장으로 살아가는 주님의 선교사들이기 때문이다.

김의원
Ph.D., 전 총신대 총장,
현 AETA 대표

추천 글

　이 책은 GMS 파송 주 브라질 선교사 강성철 목사의 40년에 걸친 선교여정을 소개하는 것이다. 저자는 지난 40여년 동안 브라질에 살며 많은 시간을 빈민들을 돌보는 사역을 해왔다. 이 책에서 저자는 언제 어떻게 한인들이 브라질로 이민 와서 살게 되었는가? 브라질은 어떠한 나라이고 브라질 사람들은 어떤 사람들인가? 브라질의 부자들과 가난한 사람들의 삶은 어떠한가? 브라질에서 사역하고 있는 한인 선교사들의 사역 특징은 어떠한가? 그리고 하나님의 인도하심을 따라 한 선교여행 등에 대하여 다루고 있다.

　하나님께서는 교회가 가난한 사람들, 곧 고아와 과부, 그리고 나그네들에게 음식과 의복을 제공할 뿐 아니라 그들을 가난하게 만드는 불의한 제도를 고치는 구체적인 사역을 할 것을 요구하신다(신 10:17-19). 초대교회는 가난한 자들을 돕고 구제하는 일에 교회의 재정을 주로 사용하였다. 사도 요한은 말한다: "누가 이 세상의 재물을 가지고 형제의 궁핍함을 보고도 도와 줄 마음을 닫으면 하나님의 사랑이 어찌 그 속에 거하겠느냐 자녀들아 우리가 말과 혀로만 사랑하지 말고 행함과 진실함으로 하자" (요일 3:17-18)

　저자는 브라질에서 한인 이민교회를 목회하는 일을 하였고, 브라질인들을 위한 타문화권 선교사역에 종사해 왔다. 그는 특히 가난한 사람들에 대한 사랑 실천을 위하여 빈민가에 기독교 사립학교를 세워 교육하고,

탁아소를 세웠고, 장애인들을 돕는 사역을 하였고, 알코올과 마약 중독자들을 치유하는 재활원을 세웠고, 급식사역을 하였으며, 걸인교회와 판자촌교회를 개척하였다. 삶과 사역에서 그리스도의 사랑을 구체적으로 실행하며 산 사랑의 사도이다.

 선교사의 과제는 어떻게 변하지 않는 진리의 말씀을 변화하는 세상에서 사람들이 가장 잘 이해할 수 있고 받아들일 수 있는 방법으로 전할 것인가이다. 저자는 브라질 복음화를 위하여 브라질 교회의 자신학화와 한인 선교사들의 자선교학 수립의 필요성을 강조한다. 그는 자신학화는 성경 중심이어야 하며, 선교의 주체가 하나님이시며, 선교사들은 하나님의 선교에 동참하는 일꾼들임을 명심하고, 자신의 영광을 위하여 욕심을 부리지 말고, 선교사역을 하되 하나님의 영광을 위해 그리스도의 이름으로 할 것을 권고한다.

 이 책은 탁상공론이 아닌, 저자의 삶과 사역에서 묻어나는 기록이다. 이 책은 하나님의 일에 수종드는 목회자들과 선교사들, 그리고 목회 지망생들과 선교 지망생들이 읽어 매우 유익한 책이다. 보다 바른 자세로 바른 사역을 하기 위하여 꼭 이 책을 읽어볼 것을 추천하는 바이다.

박기호
Ph.D., GMS 원로선교사,
풀러신학교 아시아선교 원로교수

추천 글

　하나님의 사랑을 받고 선교사들이 존경하는 강성철 선교사님은 방대한 브라질 선교사역 40년, 강산이 네 번 바뀔 수 있는 꽉 찬 세월동안 오직 주님만 바라보고 선교사명을 잘 감당하셨다. 강 박사님의 책 속에는 브라질의 이민역사, 한인 디아스포라 선교, 브라질 문화인류학적 보고가 담겨있다. 부족한 종이 강성철 선교사님을 만난 지 40여년이 되어간다. 그의 40년 선교사역을 직접 가보고 듣고 경험했다. 그의 책 <보아스 노바스>의 추천사를 통해 몇 가지 특징을 말씀드리려고 한다.

　첫째, 강성철 선교사님은 오직 주님만 바라보고 복음 선교의 길을 투박하게 걸어온 하나님의 종이다. 주님께서 가라 하시면 안동으로, 강원도로, 목회의 길을 걸었다. 처음 선교사로 파송 받을 때 선교후원금 작정도 없이 감사한 마음으로 브라질로 파송 받았다.
　둘째, 강선교사님은 "그는 흥하여야겠고 나는 쇠하여야 하리라"는 세례요한의 선교철학을 가지고 실천한 선교사이다. 언제나 주님이 먼저였고, 주님의 복음이 먼저였고, 현지 사람들이 먼저였다.
　셋째, 강박사님은 초지일관 주님께서 주신 과업만 수행해 왔다. 그에게는 곁눈질이 없었다. 주님께서 디아스포라 선교의 과업을 주시면 그 사역에 최선을 다했다. 학교사역을 주시면 그 또한 맨땅에 헤딩(Heading)식으로 잘 감당했다. 그 어려운 빈민 사역 또한 감사한 마음으로 최선을 다했다. 그는 언제나 현장의 필요(Felt-Need)를 통해 그들의 진정한 필요(Real-Need)인 예수 그리스도의 복음을 전했다.

넷째, 강목사님의 책을 보면 그의 선교 열정에 대한 순수성이 엿보인다. 그의 필체는 다소 투박한 면이 있다. 미사여구(美辭麗句)가 없다. 그러나 그의 표현은 순전하고 주님의 복음증거에 대한 열정이 넘쳐난다.

다섯째, 강선교사님은 사랑의 사도이다. 그는 주님을 사랑하듯 선교지 사람들을 사랑해 왔다. 후배 선교사들을 사랑했다. 그의 사역 수행을 사랑으로 실천해 왔다.

여섯째, 강선교사님은 사역뿐만 아니라 자기개발과 영성개발에 최선을 다하는 진솔한 하나님의 종으로서 후배 선교사님들의 모범이 되고 있다.

일곱째, 강선교사님은 그의 브라질 선교사역 40년을 이 책에 진솔하고 순수하고 투박하게 그러나 열정을 가지고 기록했다.

이에 이 책을 모든 목회자들과 선교사들, 선교 후보생들, 그리고 평신도들에게 적극적으로 추천하는 바이다. "감사합니다."

강승삼
GMS 원로선교사,
전 총신대학교 선교대학원장,
전 KWMA 사무총장/대표회장

추천 글

　주님과 브라질을 누구보다도 사랑하고 현재도 브라질 복음화를 위해 전력투구하시는 강성철 선교사님의 저서, "보아스 노바스"를 책으로 출판하심을 축하드리며 브라질과 남미는 물론 세계복음화를 위해 선교하거나 후원하는 여러 분들이 다 읽고 큰 도전을 받으시게 되기를 바란다.

　강성철 선교사님은 하나님을 사랑하시고 말씀과 기도의 모범을 보이면서 디아스포라 교회 목회를 중심하여 교인들과 함께 선교에 동역하시고 특히 빈민 선교를 중심으로 가난한 자들과 브라질의 다양한 사역들을 통해 브라질 사람들 속 깊은 곳까지 파고 들어간 세계선교의 좋은 모델이다. 지칠 줄 모르는 불굴의 선교사로서 주님 앞에 서는 날까지 선한 싸움을 잘 싸우고 주 예수께 받은 사명을 다 완수하여 주님께는 칭찬을 듣고, 동역자들에게는 사랑을, 후배들에게는 존경을 받으며, 후원자들에게는 보람을 안겨 주게 될 강성철 선교사님의 귀한 책을 강력하게 추천한다.

김정웅
태국 촌부리선교센타 대표

추천 글

　한국 선교가 새싹처럼 피어오를 때, 강성철 선교사의 브라질 선교가 시작되었다. 그는 길을 만드는 개척자처럼, 골짜기를 메우고 산을 깎아 브라질 선교의 길을 만들었다. 그렇게 그는 개척자요, 선구자로 살았다. 많은 교회와 선교사가 그가 만든 길을 따라 사역하며, 그를 자랑스러워 했다. 그렇지만 그는 겸손하게 자신을 낮추어 하나님과 이웃을 섬겼다. 도움을 요청한 사람들이 오리를 가자 하면, 그는 기꺼이 십 리를 함께했다. 어두워서 길을 찾을 수 없다 하면, 그는 등불을 켜서 길을 비춰주었다. 나는 예수님의 신발 끈도 풀 수 없다며 자신을 낮추었던 세례 요한처럼, 그는 겸손하게 이웃들을 섬겼다. 예수님께서 요한을 큰 자라 하셨던 것처럼, 그와 함께 했던 사람들은 그를 큰 자로 기억하고 있다. 이번에 출간한 책은 그의 사역 현장에서 가슴을 뛰게 했던 이야기들의 모음집이다. 다양한 사역을 하면서 겪었던 경험들을 신앙적 영성과 학자적 지성, 그리고 시인의 감성으로 기술했다.

　그의 40년 선교 여정이 녹아 있는 책이다. 다양한 브라질 선교 역사와 사역들이 담겨있다. 도시 빈민과 걸인 교회, 브라질 밀알, 알코올 및 마약 중독자 사역 등이 소개되어 있다. 마음과 몸을 담았던 가난한 자들과 함께 했던 이야기, 브라질의 자신학과 자선교학 이야기, 그리고 사랑과 젊음을 심었던 브라질의 하늘과 땅에 관한 이야기가 있다. 그의 진솔한 브라질 사역 이야기와 한 선교사로서의 삶과 신앙에 대한 이야기는 세계 선교에 참여하고 싶어 하는 이들에게 큰 도전이 될 것이다.

성남용
Ph.D., 삼광교회 담임목사,
KMQ 편집인

추천 글

　숙명(Destiny)이란 말은 파사디나에 있는 풀러신학교에서 공부할 때 처음으로 접한 말이다. 신학적인 관점에서 이 단어의 뜻은 "하나님의 거룩하신 섭리적인 인도하심"이라고 말하면 크게 벗어나지 않을 것이다. 하나님의 사람들의 삶에는 하나님의 목적을 성취하기 위한 거룩한 데스티니(숙명)가 있다. 예를 들면 바울이 선교사적인 삶을 살기 위해서는 다메섹 길에서의 회심은 필연적이었다. 그리고 바나바와 실라와 디모데 같은 인물들과의 만남은 숙명이었다. 강성철 선교사님과 나와의 만남에도 선교를 위해 이와 같은 하나님께서 허락하신 데스티니가 있었다. 나의 브라질 사역의 기초를 놓는 일에 결정적인 도움을 주셨고, 많은 세월동안 끊임없는 위로와 격려를 주셨기 때문이다.

　1991년 5월 하순 경, 추천자의 가족이 브라질 선교사로 파송되어 상파울로에 도착한 이래로 강선교사님과 교제는 30년이라는 긴 세월이 자리한다. 강선교사님이 선교사역 33년을 기념하여 출판한 "나의 영원한 아미고, 브라질"은 아직 활자에 온기가 남아있는 최근의 책이다. 그런데 벌써 두 번째 책 "보아스 노바스"를 내놓은 그 열정은 놀라움을 넘어 경이로움 그 자체이다. 한마디로 복음 선교에 대해 소년처럼 설레이는 가슴, 불타는 청년의 가슴을 가진 분임을 새롭게 인식한다. 새롭게 펴낸 이 책은 선교가 탁상에서 이루어진 선교 신학이나 진부한 이론이 아니라 그야말로 선교 현장에서 무수히 남긴 선교사님의 발자국들을 추적한 강성철행전이다.

이 선교행전을 추천하면서 사역 내용보다는 글 행간에 있는 사람들을 진솔하게 사랑한 강선교사님의 가슴을 읽을 수 있기를 원한다. 선교는 건물도 아니고, 프로젝트나 빈번한 프로그램이 아니라 영혼을 구원하여 하나님의 사람을 세우는 것이 선교의 핵심이기 때문이다. 안디옥교회는 인성이 착한 사람이요 성령과 믿음이 충만한 바나바 선교사로 인해 큰 무리가 주님께 더해진 교회인 것을 우리는 잘 안다. 바울 선교사가 로마에 보낸 선교편지 로마서의 마지막 장에는 바울이 사랑하고 관계한 수많은 사람이 소개되어 있다. 이로 보건대 바나바와 바울 선교사의 사역의 중심은 사람에게 있었음을 알 수 있다. 동일하게 강선교사님의 선교행전에는 수많은 브라질 현지인 형제 자매들과 동역자들의 이름이 등장한다. 더구나 40년 동안에 만난 수많은 사람들의 이름을 기억하고 모두에게 애정과 감사를 표현한 강선교사님으로 인해 깊은 감동을 받는다. 수많은 세월동안 열정과 사랑을 쏟아 부은 선교사님의 수고에 대해서 하나님께서 맺게 해주신 열매들이다. 추천자는 강선교사님의 선교의 핵심과 전략이 사람에게 집중되어 있음을 확신한다. 따라서 이와같은 사람을 세우는 사도행전적인 탁월한 선교 전략 때문에 "보아스 노바스"를 감사한 마음과 뜨거운 감격으로 강력하게 추천한다.

하재식
LA사랑한인교회 담임목사

추천 글

"다이소에 가면 다 있어!"라는 말이 있다. 이 책에는 브라질 선교에 관한 모든 것들이 다 있다. 브라질 선교에 필요한 역사와 문화, 신학과 전략까지 다 있다. 그리고 각 장의 끝자락에 나타난 제언들은 브라질 디아스포라 한인 목회와 브라질 현지인 선교에 꼭 필요한 시대 상황적 해결책들을 제안하고 있다.

이 책은 작지만 담고 있는 내용은 거대하다. 브라질 대륙처럼 방대하고 그 안에 살고 있는 인종들과 문화들의 다양함을 다 담아내고 있어서 그저 놀라움을 금치 못할 뿐이다. 이 놀라운 일이 가능했던 것은 저자의 오랜 브라질 생활 때문이다. 40년 넘게 브라질에 살면서 얻은 지식과 경험을 내부자적 관점에서 풀어 썼기 때문이다.

저자의 깊은 내공은 현존하는 브라질 선교 과제들을 브라질과 브라질 한인 이민의 선교 역사적 서술로, 브라질인과 브라질 한인 이민자의 선교 문화적 해석으로, 브라질의 선교 현안은 도시 빈민을 중심으로 한 선교 전략적 방법으로, 그리고 브라질의 디아스포라 한인 선교 사역에 관해서는 '자신학화'라는 선교 신학적 관점으로 풀어내고 있다.

행함으로 옮겨진 지식은 엄청난 파워가 있다. 저자는 배우고 깨달은 것을 현장에 적용하며 살았다. 그리고 "하면 된다."라고 말하고 있다. 브라질 선교 지식은 얻기도 힘들지만, 더 어려운 것은 현장 적용 가능한 프로그램들을 찾는 것이다. 이 책에는 모두 해 보기에는 시간이 턱 없이 모자란 수많은 선교 사역 프로그램들이 있다. 각자의 상황에 맞게 하나씩 해 보면 좋은 결과를 얻을 수 있을 것이다.

추천자는 저자의 40년 선교 여정을 가까이에서 지켜보고 함께 하기도 했다. 칠순이면 식을 것도 같은데 저자의 브라질 선교 열정은 갈수록 더해만 간다. 40년을 살고도 갈수록 브라질을 더 뜨겁게 사랑하고 있는 강성철 선교사의 저서, "보아스 노바스"를 브라질 선교에 관심과 소명이 있는 분들에게 일독을 강력 추천한다.

김용식
브라질 영광교회 담임목사

Ⅰ. 브라질과 한인

나는 **브라질**이 좋다

　브라질은 여러 인종이 모여 사는 복합문화의 대국으로 가진 자와 없는 자, 주인과 하인, 백인과 흑인, 아랍인과 동양인이 공존하는 평화롭고 자유로운 나라이다. 상파울루와 리우데자네이루와 같은 도시가 있는가 하면 아마조나스나 빤따날과 같은 태초에 지으신 그대로 자연이 보존된 곳도 있다. 지리적으로 무한한 가능성과 변화를 누릴 수 있는 나라이다. 이러한 환경 속에 사는 브라질 사람은 순진하고 친절하며, 누구에게나 열려있어 쉽게 아미고(친구)가 될 수 있으며, 가난하면서도 한탄을 모른다. 무질서 속에 질서가 있고, 되는 것도 없고 안 되는 것도 없는 나라가 브라질이다. 이곳에 살지 않으면 도저히 이해할 수 없는 정서이지만 이곳에 살다보면 그 말이 무엇인지 알게 된다. 숨이 막힐 듯한 인플레 속에서도 아무렇지 않은 듯, 슈하스카리(브라질 전통 고깃집)에 가면 손님들이 가득하다. 팬데믹으로 말미암아 가게가 문을 닫고 사람이 죽어가고 확진자의 수가 하루 5만 명이 넘어가도 브라질레이로(브라질 사람)는 재난구조비로 부위별로 구워주는 소고기, 돼지고기, 닭고기, 연어구이 등을 취향에 맞게 불에 살짝 그을려, 반만 익혀, 완전히 구운 상태로 채소와 함께 마음껏 즐기고 배불리 먹어댄다. 이성적으로는 도대체 답이 안 나오는 일이다. 노후를 위해서, 자녀교육을 위해서 저축하는 일이 없다.

놀러가기 위해서, 4년에 한번 있는 월드컵 경기에 참여하기 위해서 저축을 할지언정 미래를 위해서 하지는 않는다. 나는 브라질이 좋다. 정말 자유가 넘치는 나라이다. 체면을 차릴 필요가 없다. 눈치를 보며 살지 않아도 된다. 여름에 코트를 입고 다녀도, 벌거벗고 거리를 활보하고 다녀도 누구 하나 흉보거나 관심을 갖지 않는다. 아이들 일류대학 보내기 위해 학부모가 안달하지 않아도 되는 자유, 여러 가지 속박에서 벗어나 마음대로 살 수 있는 나라가 브라질이다. 브라질에 온 한국 사람은 처음에는 브라질에서도 한국에서도 변두리 겹쳐진 부분에서 사는 디아스포라인이었지만, 이제는 양국의 대표로서 가교 역할을 거든히 감당하고 있다.

브라질 일반 상식

브라질의 공식 명칭은 브라질 연방 공화국(Federative Republic of Brazil)이다. 브라질은 1500년 4월 22일 베드로 알베스 까브랄 Pedro Álvares Cabral에 의해서 발견된 나라로, 그 당시 이곳에는 인디오가 살고 있었다. 브라질의 역사는 크게 식민 시대, 왕정 시대, 군사 공화 시대, 민선 시대 등 네 시대로 구분할 수 있다.

1) 식민 시대

브라질은 서구의 식민지 개척자들에 의해 수많은 인디오가 희생되면서 포르투갈의 식민지가 되었다. 그래서 16세기에서 18세기까지를 식민 시대 곧 '반데이란찌스(Bandeirantes)'라 한다.

2) 왕정 시대

1792년 4월 21일 찌라덴찌스(Tiradentes)가 주동이 되어 포르투갈로부터의 독립을 부르짖으며 미나스혁명을 일으켰다. 1807년 나폴레옹의 포르투갈 침공으로 포르투갈 왕실이 브라질 리우데자네이루에 잠시 피신하여 살았다. 1821년 본국으로 동 조앙(Dom João) 왕이 포르투갈로 복귀하면서 그의 아들 동 베드로(Dom Pedro) 1세에게 섭정케 하였다. 그런데 동 베드로 1세가 "독립이 아니면 죽음"이라는 구호를 외치며 1822년 9월 7일 포르투갈로부터 독립을 선언하고, 그해 12월 1일 브라질 최초로 왕위에 올랐다. 그 후 1831년에 아들 동 베드로 2세에게 왕권을 계승했다. 그리고 베드로 2세가 병이 들어 동생인 산타 이사벨(Princesa San Isabel) 공주가 대신 나라를 다스리게 되면서 노예를 해방시켰다. 그런데 노예 해방의 주역이었던 이사벨의 남편이 프랑스인이었기 때문에 왕실이 프랑스에 넘어갈 우려를 하고 있었다.

3) 군사 공화 시대

프랑스로 왕국이 넘어갈 수 있다는 명분으로, 1889년 11월 15일 마누엘 데오도로 다 폰세카(Deodoro da Fonseca) 사령관이 군사 혁명을 일으킨 후 초대 대통령이 되어 공화국 정치를 실행하였다.

4) 민선 시대

군사 공화국 시대를 마감하고, 1985년 3월 15일 민선 대통령으로 땅끄레도 네비스(Tancredo de Almeida Neves)가 당선되었다. 그러나 그가 병환으로 사망하자, 부통령 호세 사르네이(Jose Sarney)가 대통령이 되었다. 그 이후 페르난도 꼴로르(Fernando Collor)가 대통령이 되어 대통령직을 수행하다가 부정 혐의로 탄핵을 받아 물러나게 되었다. 부통령인 이따마르 프랑꼬(Itamar Franco)가 남은 임기를 수행하면서 재무 장관으로 페르난도 엔히끼 까르도소(Fernando Henrique Cardoso)를 임명하였다. 재무 장관은 인플레 퇴치를 표방하면서 화폐 개혁을 비롯한 경제 혁명을 일으키어 성공하였다. 여기서 한 걸음 더 나아가 1995년 1월 1일 대통령에 당선되었다. 그는 하늘 높은 줄 모르고 치솟는 인플레를 잡았다. 그 이후 좌파(PT) 수장으로 평생 앞장서서 데모만 하던 룰라(Lula)가 대통령이 되어 수출 장려 정책을 펼치며 가난한 이들에게 돈과 빵을 주면서 민심을 사로잡았다. 그리고 같은 PT당 지우마(Dilma)가 브라질 최초 여성 대통령이 되어 정치하다가 부정 혐의로 탄핵을 당해 미세우 테메르가 남은 임기를 마쳤다. 지금은 우파 대통령인 자이르 보우소나르가 코로나 위기를 극복하느라고 최선을 다하고 있다. 필자가 브라질에서 40여 년을 사는 가운데 대통령 두 사람이 탄핵을 당했다.

　브라질의 국토는 8억 5,157만 7천ha로, 세계 5위에 해당하는 큰 땅이며, 인구는 2억 1,399만 3,441명(2021년)으로 세계 6위이다. 인종은 백인, 흑인, 인디오, 황색인, 혼혈 등 다색 인종으로 약 200여 종이 넘는 인종 전시장 같다. 브라질은 태고의 숨결을 그대로 느낄 수 있는 세계 3대 불가사의로 알려진 아마존 정글이 있다. 아직 기독교를 접해 보지 못한 미전도 종족과 미접촉 종족도 있다. 반면에 최고의 현대식 첨단 장비로 농사를 짓고 있고, 오래전부터 항공기를 자체 생산하여 판매하는 군사 강국이기도 하다. 언어는 포르투갈어(브라질어)를 공용어로 사용하고 있으며, 인디오는 종족어를 쓰고 있다.

종교는 백성의 97%로 시작된 가톨릭 종주국이지만 현재는 개신교가 신장하여 매해 60만 명이 가톨릭에서 개신교로 개종하고 있다. 비록 현재는 64.63%로 줄었으나 그래도 세계에서 로마 가톨릭 신자가 가장 많은 나라이다. 브라질에서는 개신교의 신도가 늘어가고 있지만, 대부분이 성령 운동을 강조하는 오순절교회이며, 하나님의 성회가 가장 큰 교파이다. 브라질의 교회는 미국의 번영 신학의 영향을 받아 성장하고 있다.

기후는 열대와 아열대성과 온대성의 기후를 보이며, 40도가 넘는 지역이 있는 반면에 연평균 20-28도의 기온과 1500-3000mm의 강우량을 보인다. 브라질은 지구의 허파 역할을 하고 있으며, 무분별한 아마존 강 개발로 인해 오존층이 파괴되어 쓰나미, 엘니뇨 등 생태계의 변화를 초래하고 있다. 브라질은 26개 주와 한 개의 연방구로 이루어져 있는 연방 국가이다.

브라질 문화

원주민은 인디오이다. 브라질 사람(Brasileiro)은 백인계 브라질인, 혼혈계 브라질인(물라토, 삼보, 메스티소 등), 아프리카계 브라질인(흑인), 아시아계 브라질인을 말한다.

브라질 문화는 인디오 문화(원주민), 리베리아 문화(식민 정책과 함께 유럽의 문화가 옮겨옴), 아프리카 문화(노예로 끌려온 흑인 문화), 아-프로 문화(정령주의 영향하에 있는 브라질 흑인성 문화), 개방된 이민 정책으로 세계 각처에서 들어온 이민 문화이다. 브라질 문화는 다양한 문화가 통합으로 구성된 문화이다. 즉 타 문화가 브라질에 들어와 기후와 환경, 토속 음식 등에 혼합되어 적응하고, 변화되어 때로는 종속되기도 하고 때로는 융합되어 새롭게 형성된 문화가 브라질 문화이다. 해마다 삼바 음악과 함께 펼쳐지는 카니발 축제에서 우리는 브라질의 진짜 얼굴을 확인할 수 있다. 또한 전 국민을 하나되게 하는 축구문화 또한 브라질을 대표하는 문화이다.

브라질은 정치 부패로 인해 빈부격차가 더 심하게 벌어져 대다수의 사람들이 극단적인 가난 속에서 어렵게 하루하루 살고 있다. 그럼에도 불구하고 브라질 사람들은 낙천적이다. 아침에 빠다리아(거리에서 빵과 우유와 커피를 파는 곳)에서 커피를 나누며 웃으면서 하루를 시작하고, 또 저녁이면 웃으면서 하루를 마감한다. 내일을 걱정하지 않고 한 날의 괴로움은 그 날로 족한 줄 알고 즐겁게 살아간다. 황운헌 시인은 "브라질 사람들은 수없이 많은 삐아다(piada 유머)를 생산해 내며, 그들의 시름을 팝콘처럼 휘날려 버리는 지혜를 갖고 있다"라고 했다.

내가 본 브라질

'엘렝틱스(Elentics)'라는 말은 다른 종교를 책망하고 부끄럽게 하여 하나님께로 돌아오게 하는 선교학의 한 분야를 가리킨다. "알아야 면장을 한다"는 속담이 있듯이, 브라질에 대하여 알아야 다른 종교를 책망하고 부끄럽게 하여 주께 돌아오도록 선교할 수 있다고 본다.

브라질 사람은 혼혈 인종으로 수를 헤아릴 수 없을 정도로 많다. 백인과 흑인의 혼혈을 '물라토(Mulato)', 백인과 인디오의 혼혈을 '까보끌로(Caboclo)', 흑인과 인디오의 혼혈을 '까푸조(Cafuzo)', 백인과 동양인의 혼혈을 '메스티슈(Mestiço)'라고 하며, 기타 구분되지 않는 혼혈을 '살라다(Salada)'라고 부른다. 꼴레지오 디아스포라에서 학생 신상 명부를 기록할 때 보면, 할아버지는 이탈리안이고, 할머니는 스페인 사람이며, 어머니는 인디오 후손이라는 식의 표현을 사용한다. 실제로 머리는 금발이고, 얼굴색은 흑인인 사람도 있고, 백인 부부가 낳은 아이가 흑인인 경우도 있다.

이처럼 복잡한 혼혈과 다인종이 브라질에 살게 된 것은 원주민 인디오가 살고 있던 광대한 브라질 땅이 백인들에 의해 개척된 탓이다. 그 후에 대농장에 필요한 인력을 충당하기 위해 아프리카에서 수많은 흑인 노예들이 팔려 왔기 때문이다. 그리고 계속해서 광활한 국토를 개발하기 위해서 1819년 스위스, 1822년 1850년 독일, 1871년 폴란드, 1908년 일본, 1963년 한국 등지로부터 이민을 받아들였다. 지금도 세계 각국으로부터 이민자들이 계속 들어오고 있다. 인종 분포를 정확하게 파악할 수 없으나 정부는 대략 백인계가 54.7%, 혼혈이 38.4%, 흑인 6%, 동양계 0.9% 정도로 추산하고 있다.

재미있는 것은 산따까따리나주, 히오 그란지 두 술 주에 가면, 브라질은 백인의 나라라는 생각이 들 정도로 백인들이 몰려 살고 있다. 반면에 바이아주, 뻬르남부꼬주 등 동북부 쪽으로 가면 흑인들만 보이므로 브라질은 흑인의 나라라는 생각이 든다. 그리고 아마존주에 가면, 인디오들이 너무 흔해서 브라질은 인디오의 땅이라고 느끼게 된다. 그러다가 상파울루주의 세 광장에 앉아서 지나가는 사람들을 보면 피부색이 같은 사람이 드물 정도로 다양한 인종들을 볼 수 있다.

　브라질에 온 세계 각국의 사람들은 자기네 전통 음식을 그리워하며 만들어 먹기 시작했다. 이 땅은 없는 것이 없을 정도로 모든 것이 풍성하고 질이 좋기 때문에 모든 음식이 토착화될 뿐 아니라 변형이 되어 더 맛있는 음식이 된다. 예를 들면 피자, 아이스크림, 스파게티 원조국들이 손을 들고 떠나거나 이곳에서 연구 개발하여 변형된 모습으로 자리를 잡기도 했다.

　브라질 사람들은 금요일이 되면, "봉 핑지 세마나(Bom fim de semana 좋은 주말되세요)"라고 인사를 나눈다. 이 말 안에는 "가족과 함께 식사를 나누며 행복하세요"란 뜻이 담겨 있다. 브라질 사람은 외식을 좋아한다. 세계의 모든 인종이 모여 살기 때문에 요리 종류도 많고 즐길 수 있는 장소 또한 다양한 나라이다. 주식은 육류이지만 각종 야채를 곁들여 먹고 마늘을 함께 먹기 때문에 한국 사람들의 입맛에도 잘 맞는다. 이들은 고기를 먹을 때 소고기, 돼지고기, 양고기 등의 각종 부위를 굵은 소금, 양파, 레몬 등으로 양념하여 장작불에 구워 먹는 '슈하스꼬(Churrasco)'를 즐긴다. 슈하스꼬 요리를 전문으로 하는 음식점을 '슈하스까리아(Churrascaria)'라고 하는데, 가우샤웅(Gauchaháo 가축을 다루는 자란 뜻인데, 슈하스까리아 종업원을 지칭하는 말로 변형)들이 부위별로 고기를 꼬챙이에 꿰어 들고 와서 썰어주곤 한다. 손님이 원하는 부위를 취향에 따라 완전히 익힌 것, 반만 익힌 것, 살짝 익힌 것 식으로 자유롭게 주문하여 마음껏 먹을 수 있다. 큰 고깃덩어리를 들고 다니며 시중들어야 하므로 브라질 전문 식당의 종업원은 모두 남자들이다.

브라질의 토속 음식 중 빼놓을 수 없는 것이 '훼이죠아다(Feijoada)'이다. 브라질에 오래 살다간 사람들이 공통적으로 훼이죠아다를 그리워한다. 이 음식은 사탕수수 농장에서 농장주들이 노동하는 흑인 노예들에게 제공하던 식사에서 비롯되었다. 살코기는 주인들이 먹고, 노예들에게 돼지의 귀, 발, 코 같은 것들과 뼈들을 훼이젱을 섞어서 삶아 먹게 했다. 그런데 이것을 먹고 사는 노예들이 스태미나가 넘치고 좋았다. 그래서 농장주들이 한번 먹어 보았는데 의외로 맛이 좋았고 영양도 풍부했다. 노예의 음식이었던 훼이죠아다가 지금은 브라질을 대표하는 음식 중의 하나가 되었다. 이것은 오래 끓여야만 제맛이 나기 때문에 수요일과 토요일에만 판다.

브라질은 여러 인종이 모여 사는 복합 문화의 대국으로, 제도화된 사회 체제 아래 가진 자와 없는 자, 주인과 하인, 백인과 흑인, 아랍인과 동양인이 공존하는 평화롭고 자유로운 나라이다. 태고의 신비로움과 현대 문명이 공존하며 조화를 이루며 잘 돌아가고 있다.
상파울루나 리우와 같은 대도시가 있는가 하면 아마존 정글과 빤따날도 있다. 이 땅은 기후로나 지리적으로 무한한 가능성과 변화를 누릴 수 있는 나라이다. 순진하고 친절하며, 가난하면서도 한탄을 모르는 사람들이 브라질 사람들이다.

브라질 사람들의 기질

브라질은 참으로 대단한 나라이다. 무질서 속에 질서가 있고, 되는 것도 없고 안되는 것도 없는 나라가 브라질이라고 하면 이해를 할 사람이 몇 명이나 될까? 그러나 브라질에 살다 보면 그 말이 무슨 말인지 알게 된다.

사람들에게 브라질은 어떤 나라로 비칠까? 브라질에 대해 어떻게 생각하고 있는가? 세계에서 제일 빚이 많은 빚쟁이 나라, 부패한 정치가들로 가득 찬 나라, 혼돈된 사회, 빈부의 격차가 심하고 범죄가 많은 곳, 게이 수출국, 원시림을 파괴하여 전 인류의 생태계를 파괴하는 나라, 신종 코로나바이러스로 사망자가 가장 많은 나라… 이런 이미지로 브라질을 인식하는 사람들이 많다. 물론 전혀 근거 없는 이야기는 아니다. 그러나 막상 브라질을 여행한 사람들은 사뭇 이야기가 다르다. 생각한 것보다 평화롭고 가는 곳마다 먹거리, 볼거리가 많고 친절하고 자유롭고 활기찬 일상의 생활을 목격하게 된다.

브라질 사람들의 기질을 소개하면, 다혈질의 성격이지만 누구에게나 친절하고 낭만적이며 개방적이고 자유로운 성격의 소유자임을 볼 수 있다. 브라질인을 이해하기 위해서 이들이 가진 세계관을 살펴보고자 한다.

1) 아만냥(Amanhā)

브라질에 살려면 기다릴 줄 알아야 한다. '아만냥'이란 말은 내일을 뜻하지만 그렇지 않을 때가 많다. 관공서에 가서 일을 보다 보면 직원이 웃으며 일을 하다 말고 아만냥한다. 그런데 그것이 내일일 수도 있고, 일주일도 한 달도 일 년도 될 수 있다. 이것이 아만냥 세계관이다. 내일은 항상 있기에 너무 조급하거나 서두르지 않아야 한다. 빨리 빨리에 익숙한 한국인의 정서로는 이해하기가 어려운 브라질인들의 세계관이다.

2) 아미고(Amigo 친구)

브라질 사람들은 친절하다. 누구에게나 열려있다 한국인의 친구처럼 의리에 죽고 의리에 사는 친구 개념과는 많이 다르다. 어느 누구와도 잘 지내자는 생각에서 나온 정서이지만 약속하고 거래하는 데 있어서는 정확한 계약서를 작성하고 공증 절차를 밟아야 된다.

3) 계층 의식

브라질은 인종 차별은 없으나 계층 의식은 있다. 브라질 민족 구성이 혼혈이 많으므로 다양한 피부와 머리카락 신체적 유전자(DNA)를 가져 백인끼리 결혼해도 자녀의 피부가 까만 아이가 태어나고, 금발머리를 한 흑인 여아가 생기기 때문에 인종을 차별할 수는 없으나 전통과 환경과 교육과 재산이 나은 삶의 수준에 따라 계층 의식이 두드러진다. 식모를 비롯한 일꾼들이 타는 엘리베이터가 구분되어 있고, 식모 방이 따로 있어 같은 집안에서 구분된 공간이 마련되어 있다. 한국의 부모들이 갖는 '나는 어렵게 살아도 내 자녀만큼은'이라는 생각과 헌신을 찾아볼 수가 없다. 신분의 변화는 남자는 축구를 잘하여 에이전트 눈에 띄어 축구 선수가 되는 길, 여자는 타고난 몸매를 잘 꾸미어 부자들의 눈에 띄는 길밖에 방법이 없다고 생각한다. 지금은 계몽과 교육으로 차츰 세계관이 바뀌어 가고 있지만 아직은 길이 멀다.

4) 노예 의식

브라질에 살면서 처음에 느낀 점은 사람들이 친절하고 예의가 바르며 줄을 잘 서고 새치기가 없고 양해를 구하면 양보하고 배려하며 질서를 잘 지키며 사는 것을 보고 놀랐다. 그런데 반면에 거짓말을 잘하고, 도둑질에 능숙하고, 일에 대한 잘잘못에 대한 판단력이 부족하고, 그때 위기만 벗어나려 하고, 잘못에 대한 사과가 없고, 일에 대한 책임 의식이 없다. 앞뒤가 너무 안 맞아 어느 것이 진짜 브라질인의 속성인지 혼란이 온 적이 있다. 그러다가 세계관을 연구하면서 노예 의식을 생각해 보니 분명하게 이해되었다. 아프리카에서 끌려오고, 인디오들이 사냥꾼에 포획되듯이 잡혀 와 종살이를 할 때 생존하려면 거짓말하고 책임 회피하고 도둑질해야 살 수 있었기 때문이다. 반복이 습관이 되고 습관이 인격이 된 결과물이다.

브라질 선교길 안내

바울이 빌립보와 같은 로마의 식민지 도시, 데살로니가 같은 상업 도시, 아덴과 같은 문화의 중심지, 그리고 에베소와 같은 로마 제국의 종교적 중심 도시들을 다니며 복음을 전하며 여행한 것처럼 광활한 브라질을 선교하려면, 길 안내가 필요하다. 브라질 선교 여행은 크게 4가지 코스를 택하면 좋을 것 같아 소개한다.

1) 해안선 따라(해안 선교)

브라질은 해안선 길이가 7491km이다. 식민 개척자들이 택한 것도 해안선이다. 첫 번째 수도인 사우바도르와 두 번째 수도였던 리우데지네이루도 해안 도시이다. 산토스, 빅토리아, 포로토세구로, 포르토 알레그리, 마세오, 죠엉페소아, 폴타레자, 성 루이스, 밸렝 등 대도시들이 해안에 위치해 있다.

2) 내륙을 따라서(내륙 선교)

브라질의 국토는 남미 대륙의 47.3%를 차지하며, 러시아, 캐나다, 중국, 미국에 이어 세계에서 다섯 번째로 큰 나라이다. 브라질 국토 종단의 길이는 4320km, 횡단 길이는 4319km이다. 그래서 내륙을 발전시키기 위해 수도 브라질리아를 비행기 모양의 조형 도시로 만들어 놓았다. 도시로는 깜포그란지, 꾸야바, 상파울루, 깜피나스, 히베롱뿌레토, 밸로리죤찌, 고아아니아, 브라질리아 등이 있다.

3) 아마존강을 따라(아마존 정글 선교)

아마존강은 길이가 6400km로, 세계에서 두 번째로 긴 강이다. 하구는 대서양이며, 유량은 미시시피강, 나일강, 창강을 합친 것보다 많다. 도시로는 마나우스, 포루토벨료, 보아비스타, 싼타페, 벨렝 등이 있다. 이동은 도시는 항공과 선박이 가능하나 대부분 지역은 선박이 유일한 교통수단이다.

4) 프론떼리아(Fronteira) 국경을 따라

브라질은 에콰도르와 칠레를 제외한 남아메리카의 모든 국가와 국경을 접하고 있다. 남쪽으로는 우루과이, 남동쪽으로 아르헨티나, 파라과이, 볼리비아, 서쪽으로 페루, 북동쪽으로 콜롬비아, 북쪽으로는 베네수엘라, 가이아나, 수리남, 프랑스령 기아나 등이다. 선교지 탐방, 토착 문화 연구, 각종 세미나 개설, 학술 대회 및 포럼 등을 가짐으로 국제적인 행사를 치를 수 있다.

맺으며

교회의 존재 목적은 선교이다. 날개가 부러진 새가 존재 의미를 상실하듯이 선교 기능을 못하는 교회는 존재 의미가 없다. 디아스포라 교회인 싱가포르 나눔과 섬김의 교회 박충기 목사는 바울과 같은 모범적인 선교사로서 교회와 함께 세계를 가슴에 품고, 선교 의식을 일깨우는 중에 필자에게 포어권인 브라질을 소개해 달라고 했다. 브라질 선교에 관심을 가지고 선교 사역지에 마음을 연 나눔과 섬김의 교회와 이를 기획하고 청원한 박충기 목사에게 감사를 드린다. 이 청원을 받고 필자는 그동안 40여 년을 이 땅에 살면서 경험한 브라질을 간단하게 소개했다. 이 글이 브라질을 향한 기도의 연결고리가 될 뿐 아니라 브라질 선교의 동기 부여가 되길 소원한다.

브라질
한인 정착과
선교역사

　　브라질에 정착한 한국인 선교 활동은 1928년 장승호 성도로부터 출발하여 1956년 반공 포로로 중립국 브라질을 선택한 사역자들에 이어 1964년 전후로 이민 협정 시기에 교단 또는 선교 단체로부터 브라질에 파송 받은 선교사가 배턴(baton)을 이어 받았다. 그 후 1962년 12월 브라질 농업 이민자들이 한국을 출발 인도양을 돌아 브라질에 정착하면서 예배를 드린 사람들이 1964년 4월 상파울루 근교에 위치한 서울농장 김중혁 성도 가정에서 약 20여 명의 성도가 예배를 시작한 연합 교회 설립 후 많은 교포 교회들이 세워지면서 디아스포라 한인 교회들이 함께 선교하였다. 그 다음 1982년 대한예수교 장로회(합동)에서 브라질 선교사로 파송 받은 강성철 선교사가 온 뒤 많은 선교사들이 각 교단 및 파송 단체를 통하여 파송 선교사로 브라질에 정착하여 선교를 하고 있다.

　　2017년 KWMF 여성 선교사 대회에서 "브라질 한국인 선교 역사"에 대하여 소개해 달라는 부탁을 받았다.[1] 브라질 땅으로 보내심을 받은 선

---

1) 2017년 3월 6-9일까지 Valinhos Fonte Santa Tereza Hotel에서 "일어나 함께 가자"란 주제로 KWMF(한인세계선교사회)가 주최한 대회

교사들의 발자취를 돌아보면서 브라질 한국인 선교 역사를 소개할 수 있는 기회를 기쁘게 생각하면서 30여 년 동안 사역을 하면서 모아 논 자료들을 정돈하여 발표하게 되었다. 이러한 모임을 통해 그 지역 선교 사역을 소개하고 서로 공유적 속성을 나누고 연구하고 발전시켜 한국인 선교학을 세우는 것은 큰 의미가 있다고 본다. 각 지역에 숨은 인재를 발굴하고, 지역 지도자들에게 발표할 기회를 제공하고, 선교 현장 사역 속에 일어나고 있는 문제를 함께 풀고 상황과 역사를 정립하고 지방학을 연구하고 한국인 선교학을 바로 세우는 일은 참으로 바람직한 일이라 생각한다.

브라질 및 남미 한국 이민의 역사가 50년이 넘어가면서 부모와 함께 이민 온 1.5세 청년들이 60세를 넘어가고 있다. 이들 가운데 목사로 선교사로 부름을 받아 목회와 선교 사역을 감당하고 있는 분들이 200여 명이 된다는 통계가 나오고 있으며 브라질만 해도 80여 명에 이르고 있다.

브라질 한국인 선교 역사

첫째, 일본국 조선인으로 브라질에 온 장승호 평신도 선교사

브라질은 한국인 선교 역사가 특이하다고 볼 수 있다. 브라질 한국인 선교 역사는 그다지 알려지지 않았지만 하나님의 섭리 속에 1928년 9월 20일 조선총독부가 발행한 일본국 조선인 신분의 여권을 가지고 브라질에 입국한 장승호(일명 미다) 평신도 선교사로부터 시작된다고 볼

수 있다.[2] 당시 17세였던 장승호씨는 브라질로 파송된 자유 감리교 다니엘 마사요시 니시스미의 선교 사역을 돕기 위해 일본인 요시쿠수 와다(Yoshikusu Wada)[3]와 함께 선교사 니시스마를 따라 브라질에 입국했다. 장승호는 소년 시절 조선인으로 일본에 살면서 가난과 학대와 차별 속에 참으로 힘든 생활을 하였지만 당시 출석한 일본 자유감리교회가 차별하지 않고 따뜻한 사랑으로 친절하게 대해주었다. 그래서 자기를 영접하고 따뜻한 사랑으로 친절하게 대해 준 일본인 교회가 너무 감사해서 브라질로 파송 받은 니시스마 선교사를 돕기 위해 다니엘 마사요시 니시스마 선교사와 함께 브라질에 온 것이다.

그는 브라질에서 일본인 아내를 얻고 데릴사위로 들어가 미다란 이름으로 불리게 되었다. 장승호 평신도 선교사는 농장 일을 하면서 니시스마 선교사가 포어 교육을 받으며 선교사역을 할 수 있도록 농장 일을 하며 물질로 도왔다. 그리고 1956년경 50여 명의 반공 포로들이 중립국을 택해 인도를 거쳐 브라질 온다는 소식을 듣고 미리 Rio de Janeiro(리우 데 자네이루)에 도착해 이들을 환영하였다. 그 후 반공 포로 모두가 독신자들이었기에 이들의 아버지 역할을 하면서 이들이 브라질에 정착하여 살 수 있도록 멘토 역할을 주었다. 그리고 그 후 1962년부터 정식 이민으로 온 한국인들의 집 보증을 해주었으며 정착하지 못해 어려

---

2) 장승호는 1928년 9월20일 브라질에 도착하여 1929-1930년 미나스제라이스주에 있는 그랜버리 감리교 신학교와 상파울로 죠아웅 마누엘 꼰세이셍에 성경 학교에서 포어를 공부하는 동안 니시스미 선교사의 재정 협력자로 섬기다가 미다 유리씨와 결혼하여 미다가의 데릴사위로 입적했다. 2012년 강성철 "브라질 디아스포라 한인교회 선교전략 연구"논문에서.
3) 요시쿠수 와다는 사업가로 오사카에 있는 키시노사또(Kishinosato) 자유감리교 집사다. 디아스포라 인 브라질, 김용식 2009.

움을 겪고 있는 교포들에게 배고프지 않도록 쌀가마니를 들고 원하는 가정마다 필요를 채워주었다. 그는 "작은 예수"로 불릴 만큼 브라질 한인 사회뿐 아니라 브라질 현지인들과 브라질에 살고 있는 일본 사회에까지 그의 선행 소식이 널리 알려져 있다. 그는 비록 많이 배우지는 못했지만 모든 이들을 품고 주님의 이름으로 사랑하며 헌신적으로 섬겼다.

둘째, 국적 없는 한인 선교사 반공 포로

브라질 디아스포라 한인 선교 역사는 하나님의 특별한 섭리 속에 진행되었다. 휴전 협정 조인에 따라 포로 교환 시 북한으로 돌아가기를 거부하고 중립국으로 송환되어 인도에 머물다가 브라질 리우 데 자네이루에 입국한 50명의 반공포로는 대부분이 기독교인이었다. 이들은 국적 없는 한인으로 선교 사역을 감당했다. 한국 전쟁이 끝날 무렵인 1953년 6월 18일 "반공 포로 석방"이 있었고 1953년 7월 27일 판문점에서 휴정 협정 조인이 있었다. 그 조인에 따라 포로 교환이 있었고, 중립국을 택한 사람들 가운데 50명이 인도를 거쳐 브라질에 입국한 반공 포로들은 국적을 포기하고 제3국을 택하였기에 무국적을 의미하는 인데휘니도(indefinido)의 증명을 받고 1956년 2월 6일 리우 데 자네이루(RIo de janeiro)에 도착했다. 이들 가운 기독교 신자가 많았으며 목회자 자녀들도 있었다. 이들 가운데 강희동, 이준희, 문명철은 신학교에 들어가 목사가 되었고, 백영훈은 평신도 선교사로 리우 데 자네이루 주 자까레 빠꾸아 지역에 백 기술고등학교(Colegio Tecnico Baik)을 설립하였으며 임창용은 의학 박사로 활동을 하였고 김시봉은 음악가로 성가대 지휘를 하였으며, 주영복은 최초로 완벽한 포한 사전을 펴내었다. 이들은 국적 없는 한인으로서 브라질 한인 선교의 선구자로서 많은 공헌하였다.

이들은 한곳에 모여 살지 않고 브라질 전역에 흩어져 교단 안에 한 멤버로서 역할과 사명을 다 하였다. 브라실은 크게 북부, 북동부, 중서부, 남동부, 남부 5개 지역으로 구분된다.

* 북부 지역(Regiao Nordeste) : 아마존(Amazon), 빠라(Para), 아크레(Acre) 3개 주와 호라이마(Roraima), 아마빠(Amapa) 2개 연방 직할령으로 총 5개 주로 흔히 아마존 그룹이라 함
* 북동부 지역(Regiao Nordeste) : 마라냥(Maranhao), 삐아우이(Piaui), 세아라(Ceara), 히오그란지 도 노르찌(Rio Grande do Norte), 빠라이바(Paraiba), 뻬르남부꼬(Pernambuco), 아라까주(Aracaju), 쎄르지뻬(Sergipe), 바이아(Baia) 9개 주와 훼르닌도 노로냐(Fcrnando Noronha) 1개의 연방 직할령으로 되어 있다.
* 중서부 지역(Regiao Centro Oeste) : 마또 그로소 도(Grosso do Sul), 마또 그로소 노르찌(Mato Grosso do Norte), 고이아스(Goias), 혼도니아(Rondonia) 4개 주와 1개 연방 직할인 수도 브라질리아(Brasilia)가 있다.
* 남동부 지역(Regiao Sudeste) : 미나스 제라이스(Minas Gerais), 에스뻬리또 산토(Espirito Santo), 상파울루(Sao Paulo), 히오 데 자네이루(Rio de Janeiro) 4개 주로 되어 있다.
* 남부 지역(Regiao Sul) : 빠라나(Prana), 싼따 까따리나(Santa Catarina), 히오 그란디 술(Rio Grande do Sul) 3개 주로 되어 있다.

국적 없는 한인 반공 포로인 강희동, 문명철, 이준희는 브라질 현지인 신학교에서 공부를 하고, 목사 안수를 받은 뒤 현지인 교단 소속 목사로서 사역을 하였다. 강희동 목사는 브라질 남부 지역의 빠라나(Parana) 주에서, 이준희 목사는 브라질 중서부 지역에서 브라질 장로교 내지 선교 사역을 감당했고, 문명철 목사는 감리교 소속으로 브라질 남서부 지역 상파울루에서, 그리고 백영훈 평신도로서 리우 데 자네이루에서 교육 선교 사역을 담당하였다. 이들은 당시 시대적인 상황 때문에 한국이라는 국적이 없음에도 불구하고 한국인으로 사역을 하였다. 이들은 선교 훈련의 과정도, 파송식도, 후원 교회도 없이 사역을 하였지만 여호와 이레 하나님께서 모든 것을 준비해 주셨고, 성령께서 함께 동역하셨기 때문에 아버지의 뜻대로 분부한 모든 것을 가르치며 선교 사역을 수행하였다. 문명철 목사[4]는 최초의 교포 교회인 연합교회 초대 당회장, 서머나교회, 동양선교교회 등 많은 교포 교회들을 섬기며 교회의 어려움을 함께 했으며 브라질 감리대학교 교수로서도 인정을 받았다. 강희동 목사[5]는 한인 교회 선교 목사를 하면서 전 교포 교회 선교에 공헌하였고, 미주 선교부와 브라질 및 파라과이 선교에 교량 역할을 하면서 한국교회 파송 선교사들의 정착에 필요한 제반 업무를 돌보아주는 멘토 역할을 하였다. 이준희 선교사는 바울선교회가 시작한 남부신학교 창립 학장을 하면서 신학교의 틀을 세우는 데 큰 공헌을 하였다.

---

4) 문명철에 의하면 그들이 인도에 있을 때 일행 중 기독 청년들로 구성된 성가대가 있었는데 그 숫자가 20명이 되었고 지휘자는 소련에서 음악을 전공한 김시봉이 맡았다. 그렇다면 20명 이상이 기독교인이었던 것이다. 브라질기독신문(1990년 8월4일자) 슬픔도 고통도 짜우짜우 문명철 목사, 도서출판 두란노, 1997
5) 강희동 목사 "Pilgrimage" A Norte Korean journey to Peace, Love & FAITH

셋째, 초기 파송 선교사

브라질에 한국인이 산 역사는 오래되었지만(1920년경부터) 공식적인 브라질 이민 역사는 1962년 12월 18일 부산항을 출발한 화란 유람선 치차랭카호를 타고 온 17가구 92명이 55일 걸려 1963년 2월 12일 브라질 산토스항에 도착한 시간으로 이민 역사를 말한다. 김용식 박사[6]는 3가지 유형으로 브라질 이민 역사를 분류한다.

첫째는 해외 이주법 공포(1962년 2월) 전에 들어온 문화 사절단(1961년 12월)이 추진한 이민, 둘째는 해외 이주법 공포 후에 정식으로 들어온 농업 이민으로 1962년 12월 18일 화란 유람선 치차랭카호로 부산항을 출발한 17가구(92명)가 55일 항해 후 1963년 2월 12일 산토스항에 도착한 후 계속 이어진 이민 케이스, 셋째로 개인 이민 유형으로 나눌 수 있다. 이 무렵 교단 및 선교 단체로부터 브라질 파송 신교사로 입국한 초기 선교사는 다음과 같다

* 한성욱 선교사 - 1964년 9월 3일 미국 성서감리교단 선교부 파송
* 김계용 선교사 - 1967년 5월 14일 한국 예수교장로회(통합) 외지 선교위원회 파송
* 황문규 선교사 - 1968년 미국 남장로교단 선교부 파송
* 박광자 선교사 - 1968년 6월 미국 그레이스 형제선교회 파송
* 양승만 선교사 - 1968년 3월 한국 예수교장로회(합동) 선교사 파송
* 김성준 선교사 - 1969년 4월 30일 위클리프 성경번역선교회 파송.

---

6) 디아스포라인 브라질, 김용식, 윌리임 케리

한성욱 선교사는 파라과이 연합교회, 아르헨티나 한인 교회, 브라질 한인 교회를 각각 설립하고 김승만 목사와 동역하면서 디아스포라 한인 교회를 중심으로 선교 하였고, 김계용 선교사는 1963년 4월 15일 창립한 브라질 최초 한인 교회인 연합교회의 목사 청빙으로 통합 측 장로교단 명을 받아 브라질 선교사로 파송 받아 1967년 5월 14일 브라질에 입국하여 연합교회를 섬기면서 교회와 함께 선교를 하였다. 황문규 선교사는 재미 한인 교포 출신으로, 미국에서 대학교 신학을 마친 후, 미국 남 장로교에서 목사 안수를 받고 브라질 선교사로 파송 받아 초창기 한인 교회 연합 사업을 도울 뿐 아니라 청소년들을 대상으로 사역활동을 펼쳤다. 특히 언어가 자유로운 황선교사는 한인 교회들과 브라질 현지인 교회들과 미국 장로교 선교회 간의 협력 사역에 교량 역할을 감당했다. 박광자 선교사는 재일한인교포이었으나 한국과 미국에서 신학을 마치고 브라질 최초 한인 여성 브라질 파송 선교사로 북동부 지역 타 문화권 선교를 하였다. 양승만 선교사는 한국장로교(합동) 파송을 받아 아마존 지역에서 인디오 지도자 육성에 최선을 다하셨고, 위클리프 번역 선교사로 파송 받은 김성준 선교사(얼마 안 되어 독립 선교사로 일함)는 마또그로스주에서 각각 브라질 현지인 및 인디오들에게 복음을 전하며 지도자를 발굴하고 교육하며 인재를 양성하는 사역을 꾸준히 실행해 오다가 사역을 마치고 현재는 한국에 있다. 김계용, 황문규, 한성욱, 박광자, 양승만, 김성준 선교사의 선교 행적은 이들이 남겨 놓은 서적을 살펴보면 자세히 알 수 있다.[7] 또한 강성철 선교사의 "브라질 디아

---

7) 한국 최초의 남미선교사, 한성욱, 생명의말씀사 1984.
　내가 섬기는 교회는? 한성욱, 보이스사, 2000.
　PILGRIMAGE 강희동 Editorial assistance by Robert Duncan
　브라질의 한국인 이민교회와 선교, 황문규, 대한예수교장로회총회교육부, 1983.
　파포레의 계곡의 새벽, 김성준, 도서출판 피스메이커, 2010.
　내가 본 김계용목사, 나성영락교회, 보이스사, 1991.

스포라 한인교회 선교전략 연구"[8]에서 자세한 내용을 살펴볼 수 있다.

넷째, 디아스포라 교포 교회 선교

아래 글은 1978년 해외교포문제연구소에서 "남미 이민 현실적 과제"란 기고에 실린 글 중에 브라질 디아스포라 한인 교회에 대해 "유일한 안식처 교회"라는 제목으로 실린 글이다.

"브라질 교포 사회에 있어서 교회의 역할은 크다. 이곳에 교회가 들어서기 시작한 것은 1964년도이다. 현재는 12개가 세워져 있다. 서울농장에 있던 교회는 교포가 점차 상파울루로 이주함에 따라 자연히 없어지고 지금은 11개의 교회가 교민들의 안식처로 남아 있다. 자기 건물을 가지고 있는 교회는 몇 개 안되고 대개의 경우 남의 교회를 시간제로 빌려 쓰고 있다. 백여 명의 교인을 갖고 있는 교회로부터 500명 이상의 교인을 갖고 있는 큰 교회도 있다. 교회는 선교 활동은 물론이거니와 이민 온 사람들의 안내 역할을 하며 교포 2세들의 교육 장소로 활용되며 동포들의 친목 센터로서의 역할도 하고 있다. 이민 초심자들은 미지의 브라질 생활을 교회에서 배우고 익힌다. 그들이 거주할 주택 문제, 자녀들의 교육 문제에 이르기까지 교회의 도움을 많이 받는다. 또한 일주일 내내 다른 민족 중에서 시달리며 노동과 사업에 지친 한인들은 일요일 날 이웃과 침지들을 만남으로서 스트레스와 좌

---

[8] 2012년도 국제사역학 박사학위 청구논문 총신국제대학원 "브라질 디아스포라 한인교회 선교전략 연구" "A Study on Mission Strategy Korean Immigrant Churches of Brasil" p.69 브라질 디아스포라 초기 한인 선교사는 한성욱, 김계용, 황문규, 박광자, 김성준을 초기 선교사라 할 수 있다. 그 다음은 1968년 3월에 예장 합동 1호 선교사인 양승만 선교사이다. 1982년 2월 9일 강성철 선교사, 1983년 강성일 선교사. 1984년 홍순표 선교사에 이어 100여 명이 넘는 선교사들이 브라질로 파송 받아 오늘에 이르고 있다.

절감을 해소시키는 것이다. 교회에는 여러 업종에 종사하는 집합체이기 때문에 서로가 서로의 애로사항을 풀어 주는 곳이기도 하다. 또한 여기서는 최근의 모국 소식을 비롯하여 교포 상호 간의 여러 가지 정보도 서로 교환하면서 그 하루는 진정 고국을 위한 날이 되기도 한다. 그만큼 교회는 정신적인 위안의 장소이기도 하지만 실생활 면에 있어서도 교포 사회의 구심점 역할을 한다. 또한 예배에서 헌금한 돈을 브라질 자선 단체에 기부하기도 한다."[9]

1963년에 브라질에서 최초로 세워진 한국인 교포 교회는 2017년 6월 2일 현재 47개 교포 교회[10]가 세워져 활동하고 있다. 디아스포라 한인 교회들은 나름대로 교회와 함께 브라질 현지인 교회를 개척하고 다양한 선교를 동참하고 있다 한걸음 더 나아가 포르투갈어권 나라를 비롯한 세계 각처에 선교사를 파송하고 있다. 또한 한국과 미국에 있는 교단과 선교부를 통하여 브라질 선교사로 파송 받아 온 120여 세대의 선교사와도 유대를 갖고 선교 사역에 필요한 자원 및 인력을 공급하고 있다. 더욱이 감사한 것은 부모 따라 온 이민 1.5세와 2세 3세들 가운데 목회지와 선교사로 지원하는 숫자가 점점 늘어 가고 있다는 사실이다.

브라질 한국인 선교 사역의 특징

첫째, 성령님의 특별한 섭리 속에 진행된 선교 사역
브라질 한국인 선교는 성령에 의해 이끌어지는 선교임을 알 수 있다.

---

9) 해외교포문제연구소 "교포정책 자료" 1978. pp. 26-27
10) 남미복음신문 2017.6.2자 신문에 소개한 교회안내 광고에 지방을 포함한 교회가 47개 교회이다.

자의든 타의든 디아스포라 한인으로 브라질에 정착한 이들은 생존하기 위해 돌파구를 찾아야 했고, 그 일을 위해 주어진 여건에 충실했는데 돌이켜보니 합력하여 선을 이룰 수 있도록 이끌어 주신 분은 하나님이셨다. 여호와이레로 만남,[11] 나눔, 섬김이 자연스럽게 하나님의 선하신 뜻으로 모아지면서 자연스럽게 교회가 세워지고 선교 사역이 된 것이다.

둘째, 평신도 선교사와 여성 선교사가 초창기 선교 대열에 서 있다. 브라질 한국인 선교에 특징은 초창기 선교에 평신도와 여성 선교사가 정식으로 파송된 것이다. 평신도 선교사로 장승호 선교사, 백영훈 선교사, 김성준 선교사를 들 수 있으며, 여성 선교사로 박광자 선교사를 들 수 있다. 이들은 정식으로 파송을 받았다.[12]

셋째, 브라질 교단 선교부 중심 멤버로서 역할과 사명
브라질 한국인 선교 역사의 특징은 처음부터 브라질 교단에 속하여 중심 멤버로서 역할과 사명을 다한 것이다. 강희동 선교사, 이준희 선교사는 브라질에서 가장 큰 장로교단 IPB(Igreja presbiteriana Brasil) 소속 목사로서, 문명철 선교사는 신학 석사. 교회교육 박사로서 브라질 감리교 신학대학 교수, 상파울루 메트로폴리탄 대학교수, 메토디스타 교육대학장, 상파울루 브라질 감리교회를 시무하기도 했다.[13]

---

[11] 공항에 내리니 한국 사람이면서 일본 사람 같은 40대 후반의 남자 두 사람이 우리 일행을 반갑게 맞아주었다. 장승호(일명 미다) 아저씨와 아오키라는 분이었다. 문명철 pp.235-236
[12] 장승호는 브라질자유감리교 사역을 처음 시작한 다니엘 마사요시 니시스미의 선교 사역을 동행했던 평신도 가운데 하나로 소개했다. (전경수1977.109)
[13] 슬픔도 고통도 짜우짜우 서문

넷째, 교파를 초월한 디아스포라 한인교회 연합 사역

브라질 한국인 선교 역사의 특징은 디아스포라 교회가 교파를 초월하여 함께 선교한 것이다. 그동안 교파를 초월하여 함께한 사역을 소개하면 히아슈보수 장로교 신학생 기숙사비 및 생활비 보조를 위한 바자회, 북한 돕기 한 끼 금식 운동, 방글라데시 빈민 구제를 위한 모금 운동, 히오 홍수로 인한 수해민 돕기 구제 사역 등 각종 선교 및 구제 행사에 장로교, 성결교, 감리교, 순복음, 침례교 등 교파를 초월하여 함께 연합 사업을 펼쳤으며, 선교 문화 및 교민 행사에도 합력하여 선을 이루었다.

다섯째, 1.5세 2세.3세들의 헌신자

브라질 한국인 선교 역사의 특징은 MK, PK(선교사, 목사 자녀)들이 헌신하여 사역자로 활동하고 있다는 것이다. 현재 80여 명이 목회와 선교 사역에 활동하고 있다.

브라질 한국 선교의 미래 전망

첫째, 한국인 선교 역사 및 선교 신학의 정립과 지도자 육성

최근에 GP선교부에서 2016. GP선교 사역 백서(2016. 5.13.)를, 코스타국제본부에서 Kosta 30주년 책자인 세계밀알을 발간하면서 Missao Miral do Brasil를 만듦으로써 지나간 발자취를 볼 수 있도록 하였다. 주님의 지상명령 완수와 하나님나라 완성의 미래로 인도할 수 있도록 하나님의 특별한 섭리 속에 진행된 한국인 선교 역사를 바로 세워야 할 뿐 아니라 교회를 개척하고 지도자를 양성하며 가르친 신앙과 선교 신학을 바로 정립하여 남미 땅에 당면한 숙제인 지도자 육성에 바른 신학을 신학교가 가르칠 수 있게 해야 한다.

둘째, 통합된 선교 정책과 전략을 세워 중복 투자 조정과 선교사 재배치

85년 이후 각 교단과 선교부에서 많은 선교사들이 브라질에 들어왔다. 그런데 대부분의 선교사들이 상파울루 위성 도시에서 사역을 하고 있다. 120가정 약 240여 명의 한국인 선교사들이 파송 받아 들어왔지만 상파울루와 아마존 지역에 모여서 사역을 하고 있을 뿐 아니라 한 동네에 뿌리를 내리고 20년 이상 목회를 하고 있지만 저예산과 침체된 상태에서 턱없이 부족한 선교비 걱정과 함께 아무런 대책이 없는 노후를 걱정하며 불안해하고 있다. 이러한 현상은 선교 정책과 전략의 부재가 빚어낸 현상이다. 지금은 통합된 선교 정책을 세워 중복된 투자를 막고 큰 그림을 그려 교단과 교단, 선교사와 선교사 간의 갈등을 조정하고 시행착오를 하면서 배운 선교지 경험을 살려서 새로운 선교지 사역을 할 수 있도록 재배치를 할 수 있도록 여건과 환경을 만들어야 된다고 본다.

셋째, 이민 선교

한국에 하나님을 사랑하는 믿음과 사랑을 겸비한 평신도들이 많이 있음을 본다. 자녀들에게서 자유함을 얻고 남은 인생을 하나님과 사람 앞에 은총과 귀중히 여김을 받으며 살기를 소원하면서 세상보다 하나님 나라 건설에 쓰임 받기를 소원하는 실력과 경험이 풍부한 시니어들이 많이 있음을 우리는 안다. 이들에게 선교를 목표로 삼고 자신들의 주특기를 살리며 복음을 전하고 가르치며 선교지를 일깨울 뿐 아니라 일하므로 자급자족하며 선교사를 돕고 지역을 살리는 이민 선교가 지금 이 시대에 꼭 필요한 선교 정책이라 생각한다. 한 지역에 5가정이 함께 들어가 공동체를 이루어 그 지역에 꼭 필요한 수익성 사역을 개발하고 함께 예배를 드리며 지역에 있는 선교사들과 현지인 교회들을 지원하고 친밀한 관계 속에 지역을 살리고 하나님 나라를 확장해 나갈 수 있기를 기대해 본다.

넷째, 다음 세대 지도자를 위한 훈련 그리고 방향제시와 구체적인 대안
　브라질을 비롯한 남미 땅에는 선교사들이 더 이상 들어오지 않고 있다. 디아스포라 한인 교회들마다 함께 일할 동역자들을 찾고 있다. 선교지도 마찬가지다 시니어 선교사들이 사역을 이어갈 후임자를 찾지 못해 고민하고 있다. 1.5세 2세들 가운데 선정된 일꾼들이 한국과 미국에 가서 공부를 하는 데는 너무나 많은 장애가 있다. 첫째, 경제적 부담이 크고, 둘째, 언어와 문화의 장벽을 극복하는 문제 또한 만만치 않다. 셋째, 졸업하기까지 기간이 길 뿐 아니라 대부분이 가정을 가진 이들이기에 시간과 공간의 제한 속에 문제들이 일어날 수밖에 없다. 대부분의 교단과 선교부와 신학교는 이들에 대한 정책이 없을 뿐 아니라 무지하고 잔인하다. 어떠한 혜택도 없을 뿐 아니라 도리어 상처를 주고 있다.

　남미 특히 브라질을 비롯한 포어권 지역 선교에 다음 세대 지도자는 매우 중요한 위치에 서 있다. 이들에게 기대를 걸어도 좋다 이들은 언어와 문화 충격에서 벗어난 실력 있는 일꾼들이다. 대부분 4개국 언어를 할 뿐 아니라 4차원 세계에 익숙한 인재들이다. 각 교단에서 시간과 물질을 투자해서 현지에 맞는 프로그램을 정기적으로 운영하여 이들의 경제적 짐을 덜어 줄 뿐 아니라 시간과 공간의 제한에서 벗어나 가족들과 풍부한 화평을 즐기면서 마음껏 사역할 수 있도록 동기를 부여해야 한다. 그리고 실지로 현장에서 적용할 수 있는 교육을 하기 때문에 디아스포라 한인 교회들을 돕고 선교 현장에 필요한 지도자들을 배출하기를 소원한다. 이 일을 위해 아태아대학원이 기획하고 시작한 것은 참으로 이 시대에 맞는 프로그램을 개발한 것이라 생각한다.

맺으며

좋으신 하나님을 찬양하며 감사드린다. 우리는 어떻게 하면 선교를 효과적이고 능률적으로 할 수 있을까? 늘 고민하면서 역사적인 자료를 남길 뿐 아니라 객관적으로 사역을 분석하고 평가하는 일을 계속하여야 한다고 생각한다. 전통 있는 좋은 학교에서 신학 교육을 받고 선교사로 자원하여 선교 훈련을 받고 선교사로 파송 받아 현지에 도착하면 누구든 선교지 현장의 상황이 너무 달라 문화 충격을 받는다. 열정은 있지만 시행착오를 겪을 수밖에 없다. 감사한 것은 일찍이 브라질 땅을 밟은 한국인 초기 선교사들이 너무도 훌륭하게 본이 되는 선교를 하면서 많은 자료들을 남겨 놓았다는 사실이다. 저들은 성경에 나타난 사도행전의 주역인 바울을 비롯한 많은 사역자들 못지않게 하나님 사랑을 경험하며 이 글들을 썼다는 사실이다. 이들은 일본국 조선인 신분증을 가지고 브라질에 입국하고 국적이 없는 한국인으로 살 수밖에 없는 우리 민족의 아픔을 안고 살았지만 가르치고, 전파하고, 치유하면서 서로를 돌아보고 멘토의 역할을 하였고 초대교회와 같이 각 사람의 필요를 따라 나누어 주면서 하나님의 사랑을 실천하였다.

이제 한국교회와 한국인 선교사들은 선교 현지의 풍성한 경험이 가진 선배 선교사들에게 눈을 돌려야 한다. 이름 없이 빛도 없이 한 세대를 살아 온 세계 선교 현장의 수많은 선배 선교사들에게 관심과 사랑을 가지고 저들의 현장 경험이 사장되지 않도록 학문화하는 작업을 펼칠 뿐 아니라 실질적으로 후배 선교사들과 한국교회와 공유할 수 있도록 장을 열어야 된다. 한걸음 더 나아가 한국인 선교학이 신학교에서 중심 교

브라질의 골목길 풍경

육으로 자리 잡을 수 있도록 정책적인 지원이 필요하다. 선교학 강의는 오래된 서구 선교 이론을 중심한 전통과 역사를 강조하는 주입식 교육만을 실시하지 말고 한 학기는 선교 현장에서 일어나는 다양한 문제에 대한 답을 경험이 풍부한 선교사들과 함께 찾는 선교 교육이 되어야 한다. 전 세계 파송된 선교지 땅을 밟으며 문화 및 선교 체험을 하면서 지역 탐방 리서치를 하면서 지역 특성 문화 상품도 구입하고 현장의 소리에 귀 기울이고 의견을 나누고 서로가 멘토가 되어 주면서 배우고 받고 듣고 본 바를 행하면서 평강의 하나님이 함께하심을 체험하기를 바란다.

브라질 사역 현장에서 자신학화

오늘날 세계 각처로 보내심을 받은 한국인 선교사가 현장에 도착하여 처음 느끼는 충격은 낯선 타 문화와 자신의 경험과는 다른 이질적인 사회 상황이다. 더구나 지금 세계는 코로나19 팬데믹으로 인해 요동치고 있다. 이러한 혼란은 상상을 초월한 초유의 사태를 낳고 선교 현장에 미치는 영향 또한 대단하다. 강력하고 이질적인 도전에 대해 신학적으로 해석하고 대응하고자 했던 자신학화에 대해 살펴보는 것은 우리가 코로나19 팬데믹 이후에 직면하게 될 새로운 도전에 대한 좋은 지침을 찾는 작업이 될 것이다. 그런 취지에서 필자가 브라질 사역 현장에서 40여 년을 살면서 보고 들은 자신학화를 정리해 보고자 한다.

자신학화는 성경 중심 주제 속에서 시작해야 한다.

세계 선교는 구약 성경의 중심 주제이며[1] 신약 성경의 주제일 뿐[2] 아니라, 예수님의 지상명령이다. 믿음의 조상 아브라함과 그 자손을 선택

---

[1] 구약 성경의 중심 주제에 대해 행 26:22-23 "하나님의 도우심을 받아 내가 오늘까지 서서 높고 낮은 사람 앞에서 증언하는 것은 선지자들과 모세가 반드시 되리라고 말한 것밖에 없으니 곧 그리스도가 고난을 받으실 것과 죽은 자 가운데서 먼저 다시 살아나사 이스라엘과 이방인들에게 빛을 전하시리라 함이니이다 하니라" 아브라함을 택하신 목적 창 12:1-3, 창 18:17, 창 22:16-18 / 이삭을 복 주신 목적 창 26:2-5 / 야곱과 그의 자손을 택하신 목적 창 28:13-15 / 그밖에 선지서에 사 9:1-2, 19:19-25, 45:21-22, 52:10 렘 1:5,10, 단 7:13-14, 합 2:4, 습 2:11, 슥 9:9-10, 말 1:11

하신 목적[3]도, 이스라엘의 흥망의 역사도, 시편과 선지서의 중심 주제도 선교이다. 또 복음서 역시 구약 언약의 성취 선언으로 시작하여 세계 선교가 중심 주제로 강조되고 있다. 그리스도의 고난과 부활, 승천, 재림, 하나님 나라가 전파되어 천하 만민이 그로 말미암아 복을 받을 수 있게 함에 있다. 그러므로 새로운 문화, 사회 상황인 타 문화권 브라질 선교 현장에서 자신학화도 성경에서 당위성을 찾고 복음에 대한 온전한 이해에서 출발해야 한다. 자신학화를 시도하는 이유는 복음을 더욱 잘 전하기 위해서이다. 선교 현장에서 복음의 수용도가 떨어지고 개인, 공동체적 차원에서 교회가 실패하고 있다면 타 문화와 사회 시대적 상황에 의해 복음이 왜곡되거나 잘못 이해하고 전했을 가능성이 있는지 심각하게 질문해 보아야 한다. 다른 교회들과 상호의존적 관계를 맺으면서 불변의 진리인 성경의 본질이 훼손되지 않는 범위 내에서 타 문화권 브라질의 토양과 문화와 상황에 적합하도록 상황화하는 자신학화 작업이 필요하다.

서구 신학과 틀에서 벗어나기 위한 라틴아메리카(브라질) 자신학화 운동

한국교회는 자치, 자립, 자전의 삼자 원리에 의해 부흥했지만 브라질 선교 현장에서는 삼자 원리가 잘 이뤄지지 않고 있다. 여기에 문화와 사

---

2) 신약 성경의 중심 주제에 대해 마 1:1 언약의 자손(아브라함 창 22:16-18) 다윗(삼하 7:12-13, 16) 마 28:18-20 선교 위임령 눅 24:44-49 요 20:21-23 행 1:8 행 13:1-3

3) 세계 속의 이스라엘의 위치 - 출 19:5-6 "세계가 다 내게 속하였나니 너희가 내 말을 잘 듣고 내 언약을 지키면 너희는 모든 민족 중에서 내 소유가 되겠고 너희가 내게 대하여 제사장의 나라가 되며 거룩한 백성이 되리라 너는 이 말을 이스라엘 자손에게 전할지니라" / 세계가 다 하나님의 소유이다(시 12:1 시 89:11). 이스라엘은 세계를 위한 제사장 국가이다(출 19:6).

회 상황을 고려한 신학적 자주성 즉 자신학화 문제는 서구에서 배워 선교 현장에서 번역, 적용하는데 만족하고 있어 의존적 관계에서 벗어나지 못하고 있다. 한국에서 자신학화 작업은 주로 1960-70년대 이후 감리교 신학 대학 중심으로 토착화 신학과 민중 신학, 윤성범의 성 신학, 유동식의 풍류 신학, 이정용의 음양 및 역의 신학, 박종천의 상생 신학 등에서 찾아볼 수 있다. 그러나 이러한 개념들은 주자 성리학이 지배하던 조선 시대만큼 현대 한국인에게는 그 함의가 충분히 인식되지 않는 것이 문제가 되어 복음주의 진영에서는 비판적인 관점으로 배척하였고, 자유주의 진영에서는 받아들이므로 꽃을 피우지 못했다.

여의도순복음교회 조용기 목사는 한국인의 종교적인 심성 가운데 "복"의 개념에서부터 자신화를 시도함으로 교회 성장을 이루었다. 서구 선교사들은 성경을 통한 복음을 한국의 토양 속에서 심었고, 가난이라는 고난을 통과하여 축복의 통로가 되도록 이끌어 주었다. 이 복음이 한국에 들어와서 자생력을 갖는 동안 성경적 진리를 한국인들은 수용자의 입장에서 받아들였다. "복"의 개념을 기독교의 토착화 과정에서 기독교의 하나님은 좋으신 하나님으로 각인시키면서 삼중 축복의 복음을 선교적인 적용을 통해 한국적 자신학화를 이루게 된 것이다. 한 걸음 나아가 교회 성장을 통해 주어진 축복을 전인 구원의 통전적 선교로 나눔을 실천하고 있으며 우리 민족 속에 있는 한의 문화를 변혁시켰다.

브라질도 한국과 마찬가지로 서구 선교사들을 통해 받은 복음을 간직하고 있기 때문에 아직도 서구 신학의 틀에서 벗어나지 못하고 있다.

브라질의 식민화를 하면서 끌고 온 아프리카인의 노예화, 왕정과 공화 정치, 민주화를 이루면서 복음과 선교의 자신학을 위해 투쟁한 브라질 대표적인 신학자들의 자신학 운동을 소개한다.

1. 해방 신학자 구스따보 구띠에레스 (Gustavo Gutiérrez, 페루 출생)

구스따보 구띠에레스는 해방 신학의 아버지로 알려져 있다. 그는 1971년 해방신학이란 책자 출판함으로 해방 신학의 이론적 기초를 마련했다. 그는 라틴아메리카 가난의 문제는 가난을 조장하는 불의한 사회체제에서 기인하며, 그 원인은 소수 사람들의 부에 대한 독점에 있다고 주장했다. 이러한 구띠에레스의 사회학적 분석이 교회의 심기를 건드린 것이 아니었다. 가톨릭교회가 해방 신학에 대해 박해하게 된 것은 구띠에레스를 비롯한 해방 신학자들이 "가난한 사람의 눈으로 성서를 해석하자"고 주장했기 때문이었다. 가톨릭 입장에서 성서의 해석권은 오직 교회에만 있는 것이기에 해방 신학자들의 이같은 주장은 용납할 수 없었다. 구띠에레스 해방 신학과 유럽의 전통적인 진보 신학의 차이는 둘 사이에 존재하는 신학적 차이만을 의미하는 것이 아니다. 그것은 두 신학 사이의 정치적 결별을 의미한다. 이것 없이 온전하게 해방신학을 이해할 수 없다. 해방 신학은 지금까지 역사의 부재자로 살아왔던 가난한 사람들의 시각에서 신학을 하자는 주장이다.

"우리의 신학적 질문은 지금까지 인간으로 취급되지 못했던 사람들에게 하나님은 사랑의 하나님이시며 또 그 사랑이 우리 모두를 형제

자매로 만들고 있다는 것을 어떻게 설명하고 선포할 수 있느냐에 집중되고 있다." (구띠에레스)

그러기에 오늘 신학의 문제는 믿는 사람과 믿지 않는 사람들 사이가 아니라 억압자와 피억압자 사이에서 발생하고 있음을 볼 수 있어야 한다고 주장했다. 그는 이런 주장을 통해 지금까지 역사의 주체자로 인정받지 못했던 가난한 사람들을 역사 해방의 주체로 인식하는 것이 해방신학의 정체성이고 핵심임을 분명하게 하고 있다.

2. 루앙 알베스(Ruben Alves, 1933-2014)

루앙 알베스는 브라질 독립 장로교 소속 목사이다. 자신의 박사 학위 논문을 통해 당시 주류 신학의 신학적 언어에 대한 비판을 하면서 새로운 신학 방법론을 제시하고자 했다. 그는 1970년 출간된 "종교, 아편인가, 해방의 도구인가?"라는 자신의 박사 학위 논문을 근간으로 한 저서와 같은 해 발표한 "신학의 재건 프로그램을 위한 단상"이라는 논문에서 신학 언어에 대한 비평을 시작으로 라틴아메리카 사람들의 새로운 경험들을 분석하며 이 지역이 경험하고 있는 저개발과 종속의 문제를 진지하게 검토했다. 루벵 알베스는 이러한 새로운 경험에서 도출한 신학 언어를 '정치적 인간주의(Political Humanism)'라고 부른다. 그는 지금까지의 신학 언어는 역사와 반대되거나 혹은 역사를 넘어서는 초월적이며 추상적인 언어를 중심으로 이루어짐으로써 오직 초월의 세계만을 지향하게 만들었다고 비판했다. 그는 "인간은 역사를 초월하는 존재이기에 역사 안에서 새로운 역사를 창조해 낼 수 있는 존재"라고 했다. 그러기에 기독교적 초월성은 "미래 창조"를 향하고 있으며 그런 의미에서 세계 변혁을 위한 부름은 "저 너머 세계의 성격"이 아니라 역사적 성격을 띠고 있다고 말했다. 또 그는 "초월성은 역사적 성격을 지녀야 하며 신학은 최종적으로 인간을 향하여 존재하고 궁극적으로는 이 땅의 변혁 안에서 그의 미래를 형성해야만 한다"고 주장했다. 그의 이 같은 신학적 사유는 당시 브라질 개신교 특히 장로교 내에서 매우 급진적이고 위험하게 여겨졌다. 결국 브라질 장로교 내에서 설교를 금지당하고 장로교 목사직을 포기해야 하는 지경에까지 이르게 되었다. 해방 신학자로서 그에게 가장 시급하고 우선적인 신학적 과제는 이 땅 위에서의 정의 실현이었다. 반면에 하나님, 영혼, 구원 그리고 영원의 세계는 부차적인 관심의 대상이었다. 브라질 장로교 목사로서 새로운 해방신학적 언어를 전파했던 그는 2014년 7월, 81세를 일기로 세상을 떠났다.

3. 레오나르도 보프(Leonardo Boff, 1928년 출생)

레오나르도 보프는 1928년 브라질 꽁고르디아(comgordia)에서 출생했다. 그는 1959년 박사 학위를 취득 후 프란치스코 수도회에 소속된다. 그는 60권 이상의 저서를 발간하였으며 미국과 유럽 그리고 라틴아메리카의 여러 대학에서 교수로 활동했으며 브라질 리우데자네이루 주립대학 명예 교수이다.

그는 1984년 "교회, 카리스마와 권력"이라는 저서를 출간한 이후 그 내용으로 인해 바티칸에 불려가 교리 수호위원회의 재판을 받았는데,

수백 년 전 갈릴레오 갈릴레이가 재판 받을 당시 앉았던 바로 그 의자에서 재판을 받았다고 한다. 그는 이 재판에서 일 년간 강의와 저술 활동 금지라는 침묵의 징계를 받았다. 그러나 국제 여론에 밀려 침묵의 징계는 오래가지 못했다. 그럼에도 교황청은 지속적으로 보프에 대한 탄압을 일삼았고, 이에 그는 1992년 사제직을 포기하고 말았다. 그는 사제직을 던지면서 1992년 6월 28일 세계의 모든 친구들에게 보낸 공개서한, '해방 여정에서 희망을 잃지 않는 동지들에게 보내는 편지'에서 "전쟁을 그만두는 것이 아니다. 단지 참호를 바꾸는 것뿐이다. 투쟁은 계속된다."라고 말했다. 그 편지의 일부 내용을 옮겨 본다.

> 사제직을 버리지만 교회는 버리지 않습니다. 사람이 살다 보면 자신에게 충실하기 위해 스스로 달라져야 할 순간이 있습니다. 지금의 내가 그런 처지입니다. 나는 투쟁을 포기하지 않되 방법을 달리하고자 합니다. 사제직은 버리지만 교회는 버리지 않습니다. 나는 교회의 보편성과 일치 운동의 정신이 배인 한 가톨릭 신학자임에 늘 다름없습니다. 이 정신을 나는 가난한 이들의 시각에서, 그들의 가난을 거슬러 또 그들의 해방을 위해 실행합니다. 우선 내가 나가는 목적을 말씀드리자면, 그것은 자유를 지키기 위함이요, 끝내는 몹시 어려워지고만 나의 일을 계속하기 위함입니다. 이 일은 지난 25년 동안 신명을 바쳐온 내 삶의 의미입니다. 삶의 의미를 부여하는 행동 근거에 충실하지 않은 사람은 품위를 잃고 본연의 정체를 구기게 됩니다. 나는 그러지 않습니다. 하나님께서 그러기를 원하시지도 않는다고 생각합니다. 여기서 나는 지난 세기의 이름난 쿠바의 사상가 호세마르티의 말을 상기합니다. "하나님께서 사람의 머리에 생각을 심으셨거늘 하나님만 못한 주

교가 이를 표현하지 말라 함은 있을 수 없는 일이다."

1970년대부터 어느 그리스도인들과 함께 나는 복음을 사회 불의와 억눌린 이들의 외침을 생명의 하나님과 관련지어 설명하고자 애써 왔습니다. 이러해서 생겨난 것이 해방 신학이라는 처음으로 보편성을 띤 라틴아메리카 신학입니다. 해방 신학을 통해서 우리는 그리스도 신앙의 해방력을 되찾고 예수님에 대한 "위험한 기억"을 오늘에 되살리고자 했습니다. 그럼으로써 그리스도교를 권력자들의 이익에 묶어 두고 있는 쇠사슬을 깨뜨리고 싶었던 것입니다. (중략)

형제자매 여러분, 희망을 안고 함께 길을 가는 동반자 여러분! 여러분의 투신이 나의 처신으로 말미암아 기죽는 일이 없기를 빕니다. 우리는 제도 교회를 도와서 더 복음에 어울리고 더 공감할 줄 알며 더 사람다워지게 하여 하나님의 아들과 딸들의 자유와 해방을 위한 의무를 수행하게 되도록 합시다. 나는 나의 지적 활동을 통하여 인디오-아프로-아메리카 그리스도교를 건설하는 일에 진력하고 싶습니다. 우리네 민중의 몸속에, 피부 속에, 춤 속에, 고통 속에, 언어 속에 하나님의 복음에 대한 응답으로서 우리의 토착 문화가 된 그런 그리스도교 말입니다. 나는 신도들의 보편 사제직에 계속 머뭅니다. 히브리서 저자가 상기시키는 대로(7:14, 8:4) 이 사제직은 또한 평신도 예수의 사제직을 표현하는 것입니다. 이 상황에서 벗어나면서 나는 슬프지도 않고 차분한 마음으로 우리의 대시인 페르난도 페소아의 시구를 내 것으로 삼습니다. "무엇이 보람 없으랴 영혼이 기죽지 않을진대" 내 영혼은 하나님의 은총으로 기죽지 않았다고 나는 느끼고 있습니다.[4]

---

4) 한겨레 1992.8.9. 기사에서

보프는 리우데자네이루 근교에서 연구소를 운영하면서 해방 신학에 대한 연구와 저술을 계속해 오고 있었다. 그밖에도 많은 해방 신학자들이 라틴아메리카 자신학화 운동을 펼쳐 나갔다. 라틴아메리카 자신학화 운동이 전통 신학과 성경의 중심 주제에서는 많이 벗어나 충돌이 컸지만 타 문화권 토양과 문화와 상황에서 긍정적인 시각으로 볼 때 자신학화 열매로 평가할 수 있다고 본다.

한국인 선교사의 자신학화 및 자선교학의 필요성

브라질을 비롯한 세계 각 처에 나가 일하는 한국인 선교사는 혼합주의나 자민족주의적 신학이 아닌, 사역 현장의 상황에 적합하게 자신학화를 하는 작업이 필요하다. 선교지에 필요한 한국인 선교사의 자신학화는 불변의 진리인 성경의 본질이 훼손되지 않는 범위 내에서 선교지 토양과 문화와 상황에 적합하도록 성경을 해석하고 적용할 수 있는 능력이 필요하다. 특별히 성경적 교재와 찬양집을 비롯한 성경 교육 자료는 선교 현장에 상황화한 자신학과 자선교학이 선행되어야 효과적으로 제작할 수 있다고 본다.

삼바 춤은 아프리카에서 전래되어 브라질에 토착화된 경쾌한 브라질 댄스이다. 삼바 리듬은 브라질 사람들의 핏속에 흐르고 있다. 삼바 음악을 틀어 놓으면 브라질레이로들은 음악에 맞추어 몸을 아주 자연스럽게 흔들어 댄다. 뻣뻣하게 서 있거나 음악에 맞춰 몸을 흔들다가 금세 어색해하며 멈추는 사람들은 이민자 또는 외국인이다. '삼바'는 브라질 사람들이 즐기는 음악이고 춤이다. 삼바 춤은 브라질인들의 내면을 잘 표현한 춤이다. 이들은 조상으로부터 오늘에 이르기까지 내려오는 삶이 아무리 서글프더라도, 미래가 보이지 않고 소망이 없어 보여도 아예 아랑곳하지 않는다. 그들은 현재의 순간에 자신들의 열정을 아낌없이 쏟아낸다. 삼바는 마치 아마존의 강물같이 넓고 깊어서 남녀노소 빈부귀천 차별 없이 모든 브라질인들을 끌어안는다.[5]

찌라덴찌스교회를 목회하면서 축구학교 베네딕토(Benedicto) 교장이 삼바 음악에 맞추어 삼바 춤과 함께 시편을 읊자고 제안했다. 특히 매달 마지막 주간에 실시하는 이웃 초청 전도 잔치에 삼바 음악을 사용했으면 좋겠다고 하여서 실시하게 되었다. 사실 삼바는 선정적인 음악이지만 브라질 전 국민이 좋아하는 삼바 음악으로 하나님을 찬양하며 전도의 도구로 사용한 것이다. 그리고 연습을 많이 하되 절제하므로 인간의 쾌락으로 빠지지 않도록 선을 잘 지키라고 거듭 당부하였다. 이렇게 삼바 전도단을 구성하고, 악기를 구입해 주고, 정기적으로 연습할 수 있도록 장려했다. 그랬더니 브라질 사람들이 삼바 찬양을 너무나 좋아하고, 실제로 전도 효과도 좋았다. 한 남자 성도가 성경 말씀 그대로를 선창하면 모두가 따라 부르며 절제하며 아름답게 흔드는 삼바 춤 속에는 기쁨과 감사가 넘쳐 흘렀다. 기독교의 본질인 복음에 절대 훼손되지 않는 가운데 비본질적인 교회의 전통과 형식은 문화와 상황에 따라 수용하고 변혁을 시도하는 것이 자신학화, 자선교화라 생각한다.

---

5) 강성철, 브라질 나의 영원한 아미고, 238-241 삼바의 향연

브라질 자신학화/자선교학의 방향성

　자신학화는 예배와 선교를 본질로 하는 교회를 섬기기 위한 신학으로 선교를 증진시키기 위한 선교적 신학이 되지 않으면 건강한 선교 신학이라 할 수 없다. 종교 권력과 정치 권력이 손을 잡고 기독교 황제는 땅의 문제를, 교회는 하늘나라를 책임지는 것으로 양분화되면서 교회가 내세 지향적이 되었다. 교회는 내세성과 현세성의 양자 사이에 균형을 잡고 죄 사함의 복음, 죄성에 관련한 복음, 죄 세력에 대한 복음에 대해서 이해해야 된다. 보수 신학의 문제는 축소된 복음 곧 개인의 영혼 구원에만 지나치게 기울어진 내세적 복음으로 이해하고 전하는데 있다. 성경에 문화명령(창 1:27-28)과 주기도문(마 6:9-13) 등에서도 볼 수 있듯이 죽어서 가는 장소적, 내세적 개념의 하늘나라 천국이 아니라 이 땅의 하나님 나라에 대한 이해도 필요하다.

　자신학화와 자선교학의 핵심적인 원칙은 성경 계시에 대해 신실성과 상황적 적합성을 유지하면서 예수 중심적이며 통합적인 토착 신학이 바람직하다고 본다. 그동안 한국을 비롯한 세계 각국 선교지에 서구 신학이 그대로 이식되어 토착 문화와 정서에 충돌을 가져와 복음 전파에 방해가 되었고 한국선교는 교파 확장 차원에서 선교지 교회 설립이 큰 문제점으로 등장하고 있음을 부인할 수 없다. 코로나19로 급변한 새로운 문화, 사회 상황 속에서 복음을 더욱 잘 전하기 위해서 자신학화, 자선교학은 복음에 대한 온전한 이해 속에서 현지 교회와 함께 토착적이며 자율적이고 선교적인 교회를 세우기에 힘써야 된다고 본다. 선교의 주체자이신 하나님께서 계속하여 우리 한국인 선교사를 선교의 도구로 삼으시도록 겸손한 종이 되어야 할 것이다. 교회는 세상에서 전할 말과 보여줄 삶의 모습을 갖추어야 한다. 선교 현장에서 적용 차원을 넘어 자신학화와 자선교학화라는 성숙한 단계에 도달했는가를 비판적으로 고찰할 필요가 있다.

브라질 사람과 문화를 먼저 이해하여야

태고의 신비와 첨단을 걷는 현대 과학이 공존하여 조화를 이루며 서서히 돌아가는 브라질! 평화, 화합, 진보, 인권, 질서라는 이상을 추구하는 이면에 폭력, 갈등, 퇴보, 탄압, 무질서의 모습이 대조적으로 존재하는 브라질! 선진국과 후진국의 모습을 동시에 담고 있는 브라질! 인종차별이 없으나 계층의식이 뚜렷한 아미고(Amigo)의 나라 브라질! 상류

산토아마로교회 청년들

층의 시민들의 삶은 유럽과 북미 선진국의 부유한 삶을 누리고 있지만, 최하층민은 아프리카 난민들을 연상시킨다. 또한 브라질 사람과 브라실 교회를 이해하기 위해서는 브라질에 존재하는 다양한 문화와 종교 그리고 이들이 서로 영향을 주고받으며 이루고 있는 다양성 속에 통합을 염두에 두어야 한다고 본다. 중남미(브라질)를 정복하기 시작한 당시 이곳에는 잉카 문화와 마야 문화 외에 500여 개의 다른 언어와 종교, 문화와 역사가 존재하고 있었다. 여기에 침략국인 포르투갈, 스페인, 프랑스, 영국, 네덜란드 등 유럽의 문화와 종교가 자리 잡았으며, 아프리카에서 노예로 잡혀 온 흑인들이 가져온 아프리카 문화와 종교가 들어와 원주민 문화가 대륙에서 부딪쳤다. 그러므로 브라질을 비롯한 중남미의 기독교는 같은 옷을 입고 있지만, 그 옷 안에는 여러 다양한 색채들이 덧칠해져 있다고 말할 수 있다.[6] 브라질 자신학화 및 자선교학 정립에 앞서 브라질 사람과 문화를 먼저 이해하여야 한다.

타 문화권(브라질)에서 자신학화

 선교의 대상인 브라질 사람은 종족, 문화, 종족, 관습, 언어, 예술 및 건축, 정치 및 경제 구조가 다른 상황 속에서 한 시선을 향하고 있다. 다른 모든 것들과 관계 속에서 세상을 바라보고 있다. 자신학이란 다른 사람의 상황 속에서 접촉점을 발견하고 그들의 상황에서 복음을 전하는데 장애가 되는 것을 제거하고, 또 필요한 것은 수용하면서 언어와 문화적 차이를 극복하고 성경 안에서 그 답을 찾으며 타 문화권 안에서 복음을

---

6) 강성철, 미출간 강의안 "중남미 선교 이야기 보아스 노바스" 104-117 서구전통교회 역사와 남미문화와 상황. 다양성이 복합된 남미

전하기 위해서 지역 문화를 배우고 이해하며 복음을 선포하고, 메시지는 수용자의 상황과 연관해 이해하면서 성경 본문에 충실하여 다듬거나 상황화 될 수 있도록 하는 것이다.

성경 기록 당시의 문화에 대한 분석과 다양한 신학 전통에 대한 이해, 신학 주체인 교회와 신학자의 끊임없는 자기반성과 회심이 요청된다. 교회는 세상에 전할 말과 보여줄 삶의 모습을 갖추어야 한다. 어느 시대나 그 지역의 문화의 영향에서 자유롭지 못하다. 그런 점에서 어떤 신학도 절대화되어서는 안된다 선교지 교회는 자신학화 과정에서 자신의 문화로 인해 보지 못하는 점을 지적해 줄 필요가 있고, 반면에 자신의 문화와 사회 상황으로 인해 놓치고 있는 것을 지적해 줄 수 있다.

예루살렘에 임한 박해를 피해 흩어진 유대인 성도들이 그 어려운 상황 속에서도 복음을 전파하므로 전도의 결실로 교회들이 세워졌다. 이방인 중심의 첫 번째 교회였던 안디옥교회가 시작되었을 때 예수님의 제자들이 중심을 이루고 있던 예루살렘교회는 바나바를 보내 안디옥교회를 돕게 한다(행 11장). 이때 파송된 바나바는 안디옥교회 와서 이방인 중심의 안디옥교회의 문제가 무엇인지를 찾아 이를 교정하는 일을 한 것이 아니고 안디옥의 이방인 성도들을 격려하는 일을 하였다(행 11:23). 이를 계기로 큰 무리가 더하였다(행 11:24). 차후에 안디옥교회는 바나바와 바울을 청빙하여 배우고 가르치므로 처음으로 그리스도인으로 불리게 되었다.

바나바와 바울은 헬라인이 대다수였던 안디옥교회 성도들과 더불어 자신학화를 이루며 안디옥교회가 선교적 교회가 될 수 있도록 자선교화 하게 하였다고 볼 수 있다. 사도행전 13장에서 안디옥교회가 금식하는 가운데 성령의 인도함을 받아 바나바와 바울을 따로 세워 보낸 것은 안디옥교회가 상당한 수준의 자신학화를 이루고 있음을 엿볼 수 있는 장면이다. 또한 예로 사도행진 15장을 살펴보면 유대인 성도들이 안디옥교회를 찾아와 할례가 없으면 구원을 받지 못한다 함으로 인해 큰 혼란이 야기되었다. 이때 바울과 바나바는 안디옥 성도들에게 유대인 중심의 신학에서 벗어나도록 도왔다. 바울과 바나바는 예루살렘교회를 방문해(행 15장) 예루살렘 공의회를 통해 안디옥교회 할례 문제에서 자유하도록 자신학화 하였다.

코로나19로 인해 세계교회는 비대면 예배를 드리고 있다. 지금 성찬식 등 많은 문제들이 드러나고 있다. 선교지 교회 자신학화 문제는 선교지 교회를 놓는 데서 출발해야 한다. 또한 자신학화는 자칫하면 자민족 중심주의나 성경을 마음대로 해석하는 편의주의로 흘러갈 가능성이 있음을 주의하고 성경에서 벗어나지 않도록 해야 한다.

성경의 모델 선교사 바울

"바울이 아덴에서 그들을 기다리다가 그 성에 우상이 가득한 것을 보고 마음에 격분하여, 회당에서는 유대인과 경건한 사람들과 또 장터에서는 날마다 만나는 사람들과 변론하니 어떤 에피쿠로스와 스토아 철학자들도 바울과 쟁론할새 어떤 사람은 이르되 이 말쟁이가 무슨 말을 하고자 하느냐 하고 어떤 사람은 이르되 이방 신들을 전하는 사람인가 보다 하니 이는 바울이 예수와 부활을 전하기 때문이러라 그를 붙들어 아레오바고로 가며 말하기를 네가 말하는 이 새로운 가르침이 무엇인지 우리가 알 수 있겠느냐" (행 17:16-19, 22-34, 고전 9:29-23을 참조하라.)

타 문화권 파송 선교사 바울은 우리에게 좋은 모델이 되어 주셨다. 여기에서 바울은 아덴에서 다양한 인종과 바람 속에서 설교하고 유대인들과 이방인들 앞에서 복음을 전파하며 상황화를 충실히 실천하였다. 바울은 "숭배의 대상"을 말할 때 "우상"이라는 단어를 피하여 조심스럽게 청중들의 종교성에 대해 언급했다. 그는 성경에 근거해 쾌락주의자들과 금욕주의 철학자들의 잘못을 수정해 주었고, 아덴 사람들이 숭배했던 "알지 못하는 신"을 언급하며 히브리 성경에서 말하는 전능하시고 인격적인 하나님을 소개하여 가르쳐 주었다. 또 헬라의 영혼 불멸성과 비교하여 새로운 개념인 부활을 선포했다. 날 때부터 유대인인 바울은 민감한 청중들을 배려하여 유대인의 법을 따르기도 했고, 때론 율법 없는 것처럼 행했다. 그런가 하면 바울의 자유함 때문에 유대인이 상처 받고 그리스도 안에 있는 자유의 메시지를 거부할까 하여 구약의 음식과 의식 규율을 따랐다. 규례를 따르지 않는 이방인들을 위해서는 그리스도께서 완성하신 하나님의 요구를 위해 자유함을 확신하며 그런 것들을 버렸다.

맺으며

타 문화권 자신학화 및 자선교화는 타 문화권 안에 살고 있는 다른 사람의 상황 속에서 접촉점을 발견하고, 그들의 상황에 따라 수용하고 때로는 거부하고 책망하여 주께로 돌아올 수 있도록 신실하게 복음을 전파해야 한다. 또 겸손한 마음으로 다가가 타 문화와 연관 관계를 갖고, 십자가와 죄 사함을 강조하며, 부활의 주님과 하나님 나라의 임하심을 토착화된 음악을 비롯한 상황을 자신학해야 한다. 그러나 혼합주의가 되지 않도록 성경의 중심 주제에서 벗어나지 않도록 전능하신 하나님께 지혜를 간구하자.

참고문헌

강성철. 브라질 나의 영원한 아미고, 올리브나무
_____. 중남미 선교 이야기 보아스 노바스, 남미아태아 대학원
감성준. 파포레 계곡의 새벽, 피스메이커
김금식. 축구와 삼바의 나라 브라질을 찾아서, 보문사
김요환, 정도명. 쌍파울 연합교회 이야기, 연합교회
데이비드 헤셀그레이브/강승삼. 선교 커뮤니케이션론, 생명의 말씀사
브라질기독신문 축쇄판 1987
신정님. 복음으로 아마존 정복은 가능한가 생명의말씀사
열대문화 2,3,5,10호 브라질 열대문화 동호회
오응서. 브라질 한국인 이민 40년 회고, 남미동아일보사
이그나시오 엘라꾸리아/고재식. 해방과 선교신학, 한국신학연구소
폴 히버트 저/김동화,이종도,이현모,정흥호 옮김. 선교와 문화인류학,
       죠이선교회출판부
한국선교KMQ 2002 여름호 p.58 스텐 거트리(Stan Guthrie) 상황화
       (Contextualization)에서
한성욱. 한국 최초의 남미선교사 생명의말씀사
호세 미구에즈 보니노. 해방의 정치윤리, 한국신학연구소
홍인식. 해방신학 이야기, 교보문고
2000년 세계선교대회 목회지도자 선교대회 KWMA 2000년 8월
21세기시니어선교회 "21세기 선교세미나" 시니어선교훈련원
J. G 피프케/강원돈. 브라질 바닥공동체, 한국신학연구소

II. 디아스포라

디아스포라
선교

　미국 AOMTC 훈련원장 이병구 박사가 "디아스포라 선교"란 제목으로 강의를 부탁하여 1982년 브라질 파송 선교사로 정착하여 디아스포라 한인 교회를 섬기면서 디아스포라에 관심을 가졌기에 기록을 정리하여 나누게 되었다.

　브라질 디아스포라 선교의 시작은 일제 강점기 때 장승호(일명 미다 할아버지) 씨를 비롯한 4명의 청년들이 일본국 조선인 입국 사증을 가지고 이 땅을 밟음으로 시작되었다. 다음으로는 6.25 전쟁통에 포로로 잡혔다가 포로 석방 시 중립국을 택한 반공포로 50인이다. 정식 이민으로는 1963년 브라질 정부의 외교 협정으로 1962년 12월 18일 부산항을 출발한 화란 유조선 치차랭카호를 타고 온 17가구 92명이 산토스항에 도착한 이후 계속하여 이민선을 타고 브라질에 들어와 정착하였다. 그런데 이들 대부분은 이 땅에 제대로 정착하지 못하고 있었다. 필자가 브라질에 도착하여 만난 교포들 대부분이 "꿈에는 한국, 살아서 미국, 죽어서 천국"을 소망하며 브라질에 뿌리를 내리지 못하고 방황하고 있었다.

디아스포라(Diaspora)는 Dia(씨앗)와 spora(흩뿌리다)의 합성어로, "흩뿌리거나 퍼뜨리는 것"을 뜻하는 그리스어에서 유래된 말이다. 한자어는 '이산(離散)'이라 한다. 디아스포라는 특정 민족이 자의적이든지 또는 타의적이든지 기존에 살던 땅을 떠나 다른 지역으로 이동하는 현상을 뜻한다. 원래 디아스포라는 세계 각지에 흩어져 있지만, 관습과 규범을 유지하는 유대인을 뜻한다.

이제는 여러 가지 외부적인 환경으로 인해 자국을 떠나 외국에 흩어져 사는 사람들 또는 공동체를 자칭하는 말로 디아스포라가 사용된다. 디아스포라는 실존의 근거를 잃고 방황하는 삶을 통칭하며, 넓은 의미로는 소속과 정체성을 잃고 정주할 수 없는 삶을 살게 된 사람들을 말한다.

디아스포라 역사

1) 성경에 디아스포라가 처음 언급된 곳은 신명기 28장 25절로, "네가 또 땅의 모든 나라 중에 흩어지고"에서 찾을 수 있다. 기원전 722년 이스라엘이 아시리아에 멸망한 뒤, 주전 587-586년 무렵 유다 왕국도 신바빌로니아에 멸망되어 이스라엘인이 바벨론으로 강제로 잡혀들어갔다. 이 사건을 '바벨론 유수'라 하며 이들이 유대인 디아스포라 공동체를 형성하였다. 기원전 538년 이케에네스 왕조가 페르시아 제국 키루스 2세가 신바빌로니아를 격파한 후, 유대인들에게 팔레스타인으로 이주하는 것을 허락하였다. 이때 일부는 남고 일부는 돌아왔다. 그중 바빌로니아에 남아 공동체를 유지하는 자를 '디아스포라'라고 지칭하였다.

2) 기원후 70년 로마 제국에 대패한 후, 유대인들을 유대 지방에서 쫓아내어 세계로 흩어지게 함으로써 지금의 디아스포라(Diaspora)라는 낱말이 보편적으로 사용되었다.

3) 20세기 나치당으로 알려진 민족 사회주의 독일 노동자당이 독일에서 권력을 얻고 반유대 정책을 펼치자 많은 유대인이 이주를 택하였다. 흩어진 디아스포라는 유대인 민족 집단으로, 해외로 흩어진 역사적 현상과 그들의 문화적 발전 혹은 그들의 집단 그 자체를 의미한다.

4) 근대 디아스포라는 그 범위가 확장되었다. 1876년 그리스 디아스포라를 비롯해 유대인이 아닌 다른 민족에게도 '디아스포라'라는 말을 사용하였다. 1960년 중반 상당수의 인구 집단이 다른 특정 국가나 지역으로 쫓겨나 모여 살게 되었는데, 이들도 디아스포라란 말을 쓰게 되었다고 윌리엄 샤프린(Willam Safran)은 말하였다. 그는 디아스포라 구성원들은 특정한 조건을 공유하는 고향 떠난 소수 공동체라고 정의하였다.

5) 한인 디아스포라의 역사는 일찍이 신라 시대 장보고가 서해 무역 주도권을 장악하면서 당시 당나라에 신라인 공동체를 형성한 것이 시초이다. 조선 시대에는 병자호란과 임진왜란 후 많은 백성이 중국과 일본으로 강제 이주하게 되었다.

브라질 한인 디아스포라 역사

1) 일본국 조선인 입국 사증을 가진 일본 이민 행렬을 따라 입국한 이들

1925년 이후 일본인 신분 또는 일본국 조선 입국 비자를 받아 브라질에 도착한 한국인은 1세대 3명과 독신자 3명으로 알려져 있다. 1925년 김창수, 김달수, 김혜경은 일본 성씨인 가네다로, 김수조는 아오끼로, 1928년 장승호는 미다로, 이중창은 미야모또로 1929년에 브라질에 입국하였다.

2) 중립국을 선택한 반공 포로들

1953년 6월 23일 이승만 대통령의 반공 포로 사면으로 남한의 품에 안기거나, 판문점을 통한 포로 교환으로 고향인 이북으로 돌아갈 수 있었다. 그러나 중국인 포로들을 포함한 88명은 전쟁의 깊은 상흔으로 남한이나 북한을 택하지 않았다. 그들은 한국 국적을 포기하고 중립국을 택하여 2년을 조건으로 중립국 인도에 체류하였다가 제3국인 브라질과 아르헨티나를 지원하여 중국인 5명을 포함하여 55명은 브라질을, 8명은 아르헨티나를 택하였다.

3) 공식 이민(1963-1971년)

1962년 이민법을 공포한 후 5차에 걸친 농업 이민으로, 1300명의 한국인들이 브라질 땅에 정착하였다. 아리랑농장, 서울농장, 산타마리아(Santa maria)농장, 도나카타리아(Dona Catarina)농장, 모범농장, 파라나협동개발(Codepal-Cooperativa de Desenvimento do Paraná Limitado)농장, 아마존(Amazônia)농장을 세워 경영하였으나 모두 실패하였다. 왜냐하면 이들은 강제로 퇴역한 장교 출신들이거나 교육을 받은 중산층이며 기독교인들로 구성된 상인 출신들이므로 열악한 농촌 환경과 어려움에 적응할 수 없었기 때문이다. 따라서 이들 중 90%가 농업 이민 계약 기간인 3년이 되기 전 상업 도시인 상파울루로 이주하였다.

4) 불법 이민 단계(1972-1980)

영화 '국제시장'의 주역들이다. 서독 광부 및 간호사들, 베트남 전쟁에 참여하여 일하였던 계약 노동자들, 태권도 사범들, 친지 초청을 받은 사람들이 브라질의 이웃나라인 파라과이, 볼리비아, 아르헨티나 등을 거쳐 불법으로 국경을 넘어 브라질로 들어온 경우를 말한다. 이들 숫자가 브라질 교포 다수를 차지해 이들로 말미암아 브라질 교민 수가 3만 명을 돌파하였다.

5) 친인척 초청 이민 및 산업 진출 주재 상사(1980-현재)

가족이나 친지 초청으로 입국 또는 상업적 진출과 함께 이주해 온 주재 상사 가족들로 구분할 수 있다.

내가 본 브라질 디아스포라 선교

브라질 디아스포라

필자는 디아스포라 한인교포교회에서 목회자(1982-2004)로 섬겼다. 21년 반을 섬긴 교포교회를 사임하고 진일보하여 현지인 선교사(2004-

현재)로 살고 있다. 타 문화권 안에서 필자가 교회 개척을 비롯한 다양하게 경험한 디아스포라 선교 사역을 소개하고자 한다.

먼저 디아스포라 선교를 연구할 때 모든 디아스포라는 고난으로부터 출발하고 있음을 눈여겨보아야 한다고 본다. 또한 이들은 타 문화권에 뿌리를 내리면서 정체성의 혼란 속에 빠지는 것을 볼 수 있다. 그러나 디아스포라 선교 연구는 하나님의 섭리와 부르심과 사명의 시각에서 고난 속에 함께하신 하나님의 축복을 보아야 바른 디아스포라 선교 연구를 할 수 있다. 이것이 디아스포라 선교 연구의 목적일 때 연구가 재미있고 의미가 생긴다.

1) 한국인 디아스포라의 역사는 흩어짐의 역사이다. 일제 강점기에 주권과 말과 글을 빼앗기고 재산권을 상실했다. 그리고 인권이 유린되는 가운데 많은 젊은이가 강제로 징용에 끌려가고 위안부로 끌려갔다. 그렇게 해서 우리 민족은 자의 반 타의 반으로 타 문화권 지역으로 흩어졌다.

2) 6.25 전쟁통에 피난길에 나서며 가족이 흩어지고 원치 않은 남북 간 분단으로 이산가족이 되어 평생 가슴에 가족을 품고 그리워하며 타 문화권에 살고 있다.

3) 극한 가난으로 말미암아 살길 찾아 세계 속으로 흩어졌다.

4) 정치적 사회적 이념적 갈등 속에 강제적으로 또는 자의적인 이유로 흩어졌다.

5) 돈을 목적으로 한 성공을 꿈꾸며 자발적으로 가족과 함께 이민을 선택한 흩어짐의 주인공들이다. 이들은 부득이 또는 사서 고난 길에 접어들어 이국땅에 정착하였다. 언어와 문화 충격을 받으며 뿌리를 내리려고 갖은 고난과 고통 속에 부르짖고 울며 아파하고 있다.

디아스포라 선교 사역

필자는 브라질에 선교사로 파송 받고 이 땅에 뿌리를 내리고 정착하는 이들을 위해 디아스포라 한인교회를 섬겼다. 디아스포라 선교회를 조직하고, 그동안 디아스포라 노인대학, 디아스포라 문화원, 디아스포라 방송국, 꼴레지오 다아스포라, 디아스포라 선교대학 등 다양한 사업을 전개해 나갔다.

1) 디아스포라 선교부(Associação Beneficente Diaspora)

Rua Lavapes 474 Cambuci São Paulo에 사무실을 두고 2002년 9월에 브라질에 정착한 동역자들과 함께하였다. 동역자로는 배성학 목사, 홍순표 목사, 황신확 목사, 김영수 목사, 이한우 목사, 장종호 목사, 강희동 목사, 한봉헌 목사, 문인주 선교사, 목사 루이스(Luis), 에제퀴아스(Ezequias), 클라우디오(Claudio), 에반드로(Evandro), 바우타일(Vautail), 데오 크레시아노(Deo creciano) 등이다.

우리는 함께 뜻을 모아 디아스포라 선교회를 조직하고 협력하며 함께 선교 사역을 하기로 했다. 2004년 부활절 예배를 드린 후, 21년 반을 섬긴 디아스포라 한인교회를 은퇴했다. 그 후 한국을 방문해 2004년 6월

신라호텔 라이락실에서 다아스포라 선교회 창립 예배를 드렸다. 디아스포라 선교부는 선교 정책 및 전략을 세우는데 필요한 정보를 제공하고, 선교 단체 및 지역 사회와 긴밀한 관계를 가질 수 있도록 교량 역할을 목표로 했다. 그리고 남미를 방문한 선교사 및 방문자를 위한 숙소를 제공하고, 단기 선교사를 발굴하여 육성 훈련할 뿐만 아니라 선교지 탐방, 여행 정보 및 선교 여행 전반을 돕고, 토착 문화를 연구하고 자신학화 운동을 펼쳐나간다는 목적을 가지고 출발했다. 각종 세미나, 학술 대회, 포럼 등을 유치하는 한편, 이 땅에 그늘진 곳에 버려진 영혼들을 위해 종합 복지 연구소를 운영하여 지구촌에 심각한 문제인 환경 보호 및 보존 운동을 펼치면서 기독교 문화권을 이루어 나가는 뜻을 세웠다. 선교회의 목적을 따라 지금까지 꾸준히 펼친 사역을 소개하면 다음과 같다.

① **선교관 운영**

디아스포라 선교회 건물 안에 숙소를 마련하고 40여 명이 먹고 마실 수 있는 시설을 마련하였다. 브라질 및 남미를 방문하는 세계 모든 선교사에게 숙소를 제공하고 방문 기간에 필요한 교통, 사무기기 이용, 통역, 길 안내 등 제반 사항을 도왔다. 그동안 선교관을 사용한 팀은 미국 LA YWAM 선교팀(24명), 브라질 벨로리죤찌 죠쿵(예수전도단 32명), 콜롬비아대학 YWAM(24명), 로고스 선교회, 한국에서 온 정병관 교수 일행(6명), 새성복교회 선교팀(18명) 등이 선교관을 이용하였다. 지금은 동 건물에 GMS 브라질신학대학이 들어와 시설을 마약 중독자 재활원에 기증하고 김태현 장로가 새로 개원한 봉헤찌로 게스트하우스를 이용할 수 있도록 돕고 있다.

② 디아스포라 선교 및 문화 정보 센터

브라질과 남미 선교, 문화, 사회, 여행 정보를 제공할 뿐 아니라 정기적으로 세계선교정보지를 발간하여 전 세계에 한국인 선교사들 간의 소식을 주고받을 수 있도록 하였다. 또한 세계밀알 지도자대회를 비롯하여 고 방지일 목사, 림택권 박사, 고 김의환 총장, 김의원 총장, 박기호 교수, 성남용 목사, 김연수 박사, 이한수 교수, 김지찬 교수, 황문규 박사(브라질 초대선교사) 등을 초빙하여 학술 대회 및 세미나와 포럼을 진행하였다. 또한 한국기독교가족상담협회 오태균 박사와 이은주 박사 등을 초청하여, 상담사 민간 자격 2급 자격증을 딸 수 있도록 교량 역할을 하였다.

③ 단기 선교사 훈련원

브라질을 방문한 선교팀이 짧은 여행 기간에 선교의 이론과 실제를 함께 경험하고 선교지 사람들과 문화를 통찰하게 함으로써 선교 의식을 고취하도록 이끌어 줄 뿐 아니라 선교의 접촉점을 발견할 수 있도록 돕고 있다. 아울러 최저의 경비로 최고의 열매를 맺을 수 있도록 섬기고 있다. 나성 열린문교회 의료 선교팀을 맞았을 때는 통역 자원봉사자들을 배치하여 의료팀의 의료 사역을 도울 수 있도록 하였다. 그리고 워싱턴 단기 선교 팀, 러시아 천사합창단, 우이동 성실교회 선교팀, 사단법인 대한어머니회 등 세계 각처에서 온 방문자들 및 선교팀들과 함께 본 선교부가 운영하는 탁아소, 알코올 마약 중독자 재활원, 브라질 밀알선교단, 축구학교, 꼴레지오 디아스포라 등을 견학하면서 다양한 선교 사역을 경험하게 하였다.

④ 종합 복지 연구소

본 선교부는 오늘날 사회 문제로 고민하는 노인, 지체 부자유자, 걸인 및 노숙자, 비행 청소년, 미혼모, 소년 소녀 가장 및 힘들고 어려운 이들을 위한 대책을 세우고 힘닿는 대로 돕고 있다. 선교적 시각을 가지고 구체적인 복지 향상을 연구하면서 그동안 SENA 선교부와 함께 윤락녀 자녀를 대상으로 보이스카우트 훈련(3개월마다 1회 7일간)에 필요한 차량 지원, 음식 지원, 의약품 지원, 의류 및 문구 지원을 하였다. 문맹자 퇴치 학교, 까자도 메놀(청소년 기술학교-미장공, 도색공, 바느질, 컴퓨터 등 3개월 또는 6개월 과정을 직업 훈련을 하고 직장을 알선), 알코올 및 마약 중독자들을 재활원(입소하여 14개월간 치료)을 통하여 돕고 있다. 또한 방황하며 죄악의 소굴로 빠져 들어가는 청소년을 선도하려는 목적으로 축구학교 운영하고 있다.

⑤ 환경 보호 및 보존 운동

본 선교부는 환경 보호 캠페인과 함께 부엌에서 쓰고 남은 기름 하수구에 버리지 말고 재활용 비누 만들어 사용하기, EM 만들어 보급함으로 하수도를 정화시키고 위생 생활과 환경 개선을 실천하고 있다. 본회 고문인 김명혁 목사는 물사랑 대표로서 호텔에서 사용하는 시트 3일 사용하기 운동을 펼치며 본을 보여주고 있다.

디아스포라 선교 센터의 조직을 보면, 고문으로는 고(故) 방지일, 이중표, 김상철, 김명혁, 장영춘, 김홍도, 이강평, 홍성개, 김종일을 두었다. 그리고 자문은 학자 중심으로 강승삼, 이한수, 정병관, 김희태, 박상훈, 김장수, 심하보, 박에스더가 있다. 실행 위원은 총신 73회 45년지기인 가나

안 목양회 친구 김석진, 최정훈, 최광렬, 방한길, 유병선, 원동연, 박동재, 김충환, 정회길, 여두성, 손창일이며, 브라질에는 이화평, 유봉용, 배성학, 홍순표, 김영수, 황신확, 이한우, 장종호, 강희동, 한봉헌, 문인주, 루이스, 에재퀴아스, 애반드로, 바우테우, 재르마노, 클라우디오이다.

고문과 자문을 역임하신 대부분 목사님들이 브라질을 다녀가셨다. 고문이셨던 고(故) 방지일 목사, 별세신학 고(故) 이중표 목사, 뉴욕퀴즈교회 고(故) 장영춘 목사, 금란교회 고(故) 김홍도 목사, 자문인 승동교회 고(故) 박상훈 목사 등은 하나님의 부르심을 받았다.

2) 꼴레지오 디아스포라

꼴레지오 니아스포라는 상파울루주 정부의 인가를 받은 현지인을 위한 기독교 사립 학교이다. 모든 교육 과정을 포르투갈어로 가르치고 있으며, 하나님 사랑, 이웃 사랑, 자연 사랑을 교육 목표로 삼고 브라질에 기독교 문화권을 이루기 위해 힘쓰고 있다. 꼴레지오 디아스포라는 현재 유치원, 쁘레(Pré 초등학교 들어가기 전 2년 준비 과정), 초등학교, 중학교 과정을 두고 있다. 현재 교직원 37명이 240여 명의 학생들을 가르치고 있다.

1985년 한인 한글학교를 개교하였고, 1991년 한인 유치원을 설립하였다. 이중 문화권 속에 자라는 디아스포라 자녀들에게 한국말과 글, 그리고 한국의 예절과 문화를 배우고 접할 수 있도록 하기 위함이었다. 학생들의 실력 향상을 위해서 학습 발표회를 가졌고, 도서관을 개관하여 자유롭게 책을 읽을 수 있도록 하였다. 또한 선교지마다 맞벌이 부부들이 안심하고 아이들을 맡기고 일터에 갈 수 있도록 탁아소를 세웠다. 그리세리오(Glicerio) 지역에 세운 탁아소가 1995년 한인 유치원(Jardim-Han ln)이 되었다. 1998년 "꼴레지오 디아스포라"라는 이름으로 학교 법인 허가를 신청했는데, 1999년 2월 3일 상파울루 신문(Jornal Diário Oficial Estado São paulo)에 학교 법인 허가가 관보로 발표되었다. 2001년 4월 16일 꼴레지오 디아스포라 학교 교사를 Rua Lavapes474 Cambuci로 옮겼다.

꼴레지오 디아스포라의 교육이념은 다음과 같다;
① 사람이 되라(눅 6:40) - 전인 교육
② 하나님의 자녀가 되라(요 1:12) - 구원의 확신
③ 배우는 자가 되라(딤후 3:14-15) - 제자 삼는 제자
④ 경건한 자가 되라(딤후 2:22) - 부끄러울 것이 없는 일꾼
⑤ 전도자가 되라(마 16:15) - 만민 전도
⑥ 다스리는 자가 되라(롬 12:15) - 지도자가 되라

2014년부터는 브라질 교육부로부터 한글 교육을 할 수 있도록 허락받은 동교는 브라질 한국 교육원(원장 오석진)과 MOU를 맺고, 한국 교육부의 적극적인 후원과 지도 속에 정규 과목으로 수업을 진행하고 있는 한글 학과가 활기를 띠게 되었다. 현재 중학교 전교생이 한글 교육을 받고 있다(관련 기사 참조).

* 관련 기사

2014년 2월부터 브라질에서는 최초로 브라질 현지 학교(Colegii Diaspora)에서 교육부의 승인을 받아 정규 교과로 한국어를 지도하게 되었다. 이에 5월 9일(금) 11:30부터 1시간 여에 걸쳐 Colegio Diaspora 강당에서 기념식이 있었다. 학부모와 강성철 이사장, Laula 교장 및 교사, 연합통신, YTN 특파원, 김성민 한글학교 연합회장 등 여러 내빈을 모시고 의미있는 기념식이 있었다. 특히 통역을 맡은 브라질인 브레노 목사님의 유창한 한국어 실력에 아이들에게 희망의 모델이 되었다. 금번 한국어 교육은 작년 교육 협약 후 주 상파울루 한국교육원과 계속적인 노력으로 중학교 6, 7, 8, 9학년에서 각각 주당 1시간씩 실시하고 있으며, 별도의 수업 시간을 확보하여 음악과 태권도를 통해서도 한국어를 지도하고 있다.

3) 디아스포라 노인 대학

디아스포라 노인 대학의 출발은 어느 날 성경을 읽다가 아브라함, 모세, 갈렙이 나이 많았음에도 하나님과 함께 꿈과 비전을 가지고 출발하여 멋지게 사역을 한 장면들을 보고 도전받은 것이 시초가 되었다. 고난 속에 이국땅에 한국인의 삶의 터전을 이루었고 교회당을 세우면서 나이들어 노인이 된 이민 1세들을 생각하게 되었다. 디아스포라 한국인 이민 1세는 누구인가?

흩어짐의 역사의 주인공들을 분류하면;
① 일제 강점 시대 주권과 말과 글을 상실하고 강제로 빼앗긴 시대를 살면서

② 6·25 전쟁통에 흩어진 피난길 속에 가족을 지켰다. 남북 간 분단과 이산가족을 평생 가슴에 품고 그리워하며 산 사람들
③ 극한 가난으로 말미암아 고통을 당하였고
④ 정치적 사회적 이념적 갈등 속에 타의든, 자의든 이국땅으로 옮겨진 사람들
⑤ 성공을 꿈꾸며 돈을 벌어 잘 살아보려고 이민자의 길을 선택한 주인공들이다.

이들은 모두 한국인 디아스포라가 되어 언어와 문화 충격 속에 고난과 고통 속에 부르짖고 울며 아파하며 브라질 땅에 뿌리를 내리고 정착하였다. 1세들은 낯선 땅에 한인 사회를 세우고 교회를 헌신적으로 섬기며 어렵고 힘든 여건 속에서도 자녀들에게 꿈을 심어주고 대학을 졸업할 수 있도록 뒷바라지를 하였다. 디아스포라 노인 대학은 1996년 한인 교회에서 설립하였다. 노인대학은 주 3일 오전 9시부터 시작하여 비디오 성서 대학, 건강 강좌, 즐거운 노래 시간, 명사 초청 강의, 포르투갈어 공부, 점심 식사 등의 순서로 진행된다. 매주 금요일은 탐방 교육 시간으로 박물관, 방송국, 미술관 등 바쁜 이민 생활 중에 한 번도 가보지 못한 곳을 방문하여 사진도 찍고 브라질의 역사와 문화를 배우게 하였다.

1년이 지난 후 졸업식을 성대하게 치렀다. 졸업식에는 총영사를 비롯하여 한인 회장과 교포사회 유지들이 참석하였다. 평생의 꿈이었던 사각모자에 가운을 입은 졸업생들은 눈물을 흘리며 감격하는 가운데, 자녀들과 손자들의 축하를 받는 축복의 잔치였다. 이후 디아스포라 노인

대학은 해마다 프로그램이 개선되었고 좋은 강사들이 줄을 이어 협력해 주었다.

맺으며

　교회는 시대 상황을 제대로 읽을 줄 알아야 하고 변화의 위기 상황을 시대 발전의 기회로 삼을 수 있어야 한다. 그러기 위해서는 하나님께서 주신 꿈과 비전을 항상 나눠야 한다고 생각한다. 디아스포라 선교는 타문화권 안에서 뿌리를 내리면서 정체성을 찾으며, 고난 중에도 역사하시는 하나님의 축복을 찾아야 된다고 본다. 미래의 번영은 객관적인 조건과 환경들에 의해 그냥 막연히 오는 것이 아니라, 하나님의 약속을 믿고, 필요한 일들을 모험적으로 개척해 나가야 볼 수 있는 것이다. 그동안 디아스포라 선교 센터를 세우고, 디아스포라 문화원, 디아스포라 방송국, 꼴레지오 디아스포라, 디아스포라 노인 대학, 디아스포라 선교 대학 등 다양한 사업을 전개해 나갔다.

　고생하면서 어느 정도 자리잡은 디아스포라 한국인은 생활의 여유 속에 주변을 돌아보니 안타까움이 크다. 자녀들을 위해 이민 길에 올랐지만, 자녀들과 불통하며 남이 아닌 남이 되어 멀어지고, 아내와는 사별 또는 이혼한 가운데 홀로 외로이 시간을 보내는 허무한 현주소를 발견하게 된다. 자신의 육체적 쇠약과 정신적 공허, 단절 부부 이혼, 자녀들과 소통이 되지 않음, 자녀 가출, 탈선, 탕자들…….

돈은 있어도 재미와 보람과 의미가 없는 디아스포라인들에게 문화 공간을 만들어 배움의 기회를 제공하고, 문화를 즐기는 기회를 제공하고, 여행과 휴식을 취하며 노후 준비를 하고 다양한 문화 행사에 참여할 기회를 제공하고자 오늘도 최선을 다하고 있다.

브라질 디아스포라
한인교회 현지인
선교 사역 연구

　사도행전 1장 8절 "오직 성령이 너희에게 임하시면 너희가 권능을 받고 예루살렘과 온 유대와 사마리아와 땅 끝까지 이르러 내 증인이 되리라"는 말씀은 예수님이 승천하시기 전에 주신 말씀이다. 이 말씀은 선교 활동의 핵심 요소는 성령이시라는 말이다. 선교는 세상의 일과는 구별되는 하나님의 일이기 때문에 선교 전략의 수립도 하나님의 방법에 의해서 이루어져야 한다. 기도와 성경 연구와 원숙한 상식을 통하여 하나님이 기뻐하시는 목적에 도달할 수 있는 분명한 선교 신학적인 전략을 가지고 있어야 한다. 그러므로 신학적인 전교 전략은 네 가지 요소를 가지고 있어야 한다. 그것은 성경 중심, 효율성, 적응성, 그리고 타 문화와의 접촉이다.(와그너. 전호진 역. 1978. 85)

　필자는 디아스포라 한인교회를 섬기면서 교회와 함께 선교적 비전과 꿈을 나누며 100일 기도회, 40일 기도회, 여리고 작전 7일 기도회, 40일 작정 저녁 기도회를 함으로써 성령의 도우심을 구하며 선교를 하였다. 또한 교인들과 선교적 비전과 꿈을 나누기 위해 조동진 목사, 방지일 목사, 임동선 목사, 양은순 사모 등 선구자로서 선교에 영향력을 발휘하고 계시는 분들을 강사로 모시고, 성경을 연구하며 하나님의 선하심과 인자하심 속에 우리를 향하신 하나님의 계획과 뜻을 찾으려 했다. 적절한 선교 전략은 그 근거를 성경에 둔 성경 중심적이어야 할 뿐 아니라 제한된 선교 자원들 즉 인력, 재정, 시간 등을 효과적으로 활용할 수 있도록 효율성이 있어야 한다. 그리고 급변하는 시대와 선교지 상황에 뒤떨어지지 않고 대처할 수 있는 적응성과 다른 문화에서의 선교 활동을 할 수 있도록 타 문화에 대한 이해심을 필요로 하고 있다.

브라질 디아스포라 한인교회가 펼치는 현지인 선교 사역 (18개 교회 설문 조사)

브라질 디아스포라 한인교회에 설문 조사를 실시하였다. 설문에 응답한 18개 교회는 다음과 같다. 한인교회, 서울교회, 영광교회, 중앙교회, 대한교회, 순복음교회, 지구촌교회, 사랑의교회, 안디옥교회, 신일교회, 신암교회, 아름다운봉헤찌로교회, 선교교회, 연합교회, 베데스다교회, 동양선교교회, 새생명교회, 임마누엘교회이다. 사용한 설문지의 질문들과 답은 다음과 같다.

1) 귀 교회가 하고 있는 선교 사역은 어떤 것이 있습니까? 해당되는 곳에 표시를 해 주시기 바랍니다. ( )에 있는 숫자는 현재 각 교회가 실시하고 있는 선교 현황 통계이다.

현지인 교회 개척과 건축(18교회 중 8교회), 현지인 선교사 후원(18교회 중 11교회), 현지인교회를 하고 있는 한국인 선교사 후원(18교회 중 12교회), 현지인 교회 재정 후원(18교회 중 7교회), 신학교 후원(18교회 중 7교회), 한인교회 내 현지인 교회 후원(18교회 중 5교회), 2세 및 현지인을 위한 현지 언어 예배 후원(18교회 중 6교회), 목회자 훈련 및 세미나(18교회 중 5교회), 사회사업 및 구제(18교회 중 9교회), 문화 사역(18교회 중 3교회) 교도소 선교(18교회 중 3교회), 학교 사역(18교회 중 5교회), 복지 사역 및 장애아 사역(18교회 중 8교회), 의료 선교(18교회 중 3교회), 장학 선교(18교회 중 5교회), 해외 선교사 파송(18교회 중 5교회)

현지인 교회를 하는 한인 선교사를 후원하는 교회(12교회)가 제일 많았고, 그 다음이 현지인 선교사 후원(11교회)이며, 사회사업 및 구제(9교회), 장애아 사역(8교회) 2세 및 현지인을 위한 현지 언어 예배(6교회), 한인교회 내 현지인 교회(5교회), 목회자 훈련 및 세미나(5교회) 장학선교(5교회), 학교 사역(5교회), 해외 선교사 파송(5교회), 교도소 사역과 문화 사역이 각각 3개 교회였다.

2) 사역의 우선순위를 어디에 두고 있습니까?

현지인 교회 재정 후원(18교회 중 12교회), 현지인 교회 개척과 건축(18교회 중 11교회), 한인 선교사 후원(18교회 중 12교회), 사회사업 및 구제(18교회 중 12교회), 목회자 재교육 및 세미나(18교회 중 9교회), 단기 선교사 파송(18교회 중 10교회), 해외 선교(18교회 중 9교회), 신학교 후원(18교회 중 5교회), 그밖에(18교회 중 2교회)

브라질 디아스포라 한인교회의 선교 사역에 비중을 두는 우선순위를 조사한 결과는 현지인 교회 재정 후원(18교회 중 12교회) 한인 선교사 후원(18교회 중 11교회) 사회사업 및 구제(18교회 중 11교회), 현지인 교회 건축(18교회 중 11교회), 단기 선교사 파송(18교회 중1 0교회), 목회자 재교육 및 세미나(18교회 중 9교회), 해외 선교사 파송(18교회 중 9교회), 신학교 후원(18교회 중 5교회), 그밖에(18교회 중 2교회) 순으로 집계되고 있다.

3) 귀 교회에서 하는 선교 사역은 어떤 것이 있습니까?(사역의 종류)

브라질 디아스포라 한인교회가 현재 진행하는 선교는 다양했다. 한인 선교사 후원을 비롯하여 문서 선교 지원, 국내외 단기 선교사 파송, 신학교 후원, 현지인 교회 개척, 일본 한국인교회와 연합하여 현지인 교회 개척 및 건축 지원, 아마존 선교, 쿰, 밀알 사역 지원, 현지인 신학생 지원, 사회사업 및 구제 사역, 해외 선교사 파송, 현지인 성경학교 등을 실시하고 있다.

4) 귀 교회는 선교사를 파송하고 있습니까? 있다면 어디에?

브라질 디아스포라 한인교회들이 해외 선교사를 파송하고 있는 지역은 대개가 포어권으로 모잠비크, 앙골라, 포르투갈과 아마존, 파라과이, 몽골, 중국, 아프리카, 포르탈레자, 나타우 등지에 선교사를 파송하고 있다.

5) 귀 교회는 선교 사역을 위해 정기적으로 기도하고 있습니까?

선교와 선교지 및 선교사들을 위해서 새벽마다 기도하고 있고, 금요기도회, 목장 기도회, 가정 기도회, 특별 기도 시간을 내어 기도하고 있으며, 매주 수요일, 주일 오후 예배시 각 나라 각 선교지를 소개하며 집중적으로 기도하는 교회도 있었다.

필자는 본 연구를 통해서 브라질 디아스포라 한인교회 현지인 선교를 이해하고 적절한 선교 전략을 제안하고자 한다.

디아스포라 한인교회 현지인 선교 사역의 기본 요소

성경 중심

적절한 선교 전략은 정확한 성경 원리에 입각해야 한다. 현대 선교 사역에서 하나님의 뜻을 알기 위한 기초로 성경의 가르침을 충분히 고려해야 한다. 성경적 선교 전략은 사도행전에 나타난 바울의 선교를 살펴보면 잘 알 수 있다. 최초의 선교사 바울의 선교 전략을 오늘 우리 선교지에 잘 반영하여야 한다.

효율성

적절한 선교 전략은 제한된 선교 자원의 효율성을 염두에 둔 적절한 투자와 안배와 밀접한 관계를 가지고 있다. 브라질 디아스포라 한인교회 안에는 많은 자원과 인력이 있다. 사람과 재정을 제한된 시간 안에 적절하게 사용하는 데는 무엇보다도 청지기 정신이 필요하다. 정직, 근면, 검소, 협동, 경건 생활이 따를 때 충분히 자원이 따르게 된다. 청지기 의식으로 모든 자원을 선용할 때 시너지 효과가 날 뿐 아니라 오병이어의 역사를 경험할 수 있다. 결국 선교 전략에 있어서 그 효율성은 정해진 선교 목표를 얼마나 달성하고 있는가에 따라 평가된다.

적응성

선교 전략의 적응성은 과거의 사역을 재평가하고 반성하며 새로운 세계 선교에 적응할 수 있는 전략으로 대치할 수 있는 능력이다. 이 적응성에 대하여 영광교회를 시무하고 계시는 김용식 목사는 여섯 개 분야로 현대화되어야 한다고 주장하고 있다. 필자도 그의 주장과 같은 생각이다.

첫째는 성경에 나타난 선교 전략에 관한 교훈들을 오늘날의 선교 현황에 맞추어 현대화하라. 바울의 선교를 주의 깊게 살펴보면, 그는 다양한 선교 방법을 실시할 뿐 아니라 융통성 있는 선교 전략을 가지고 복음을 전했다. 복음주의 선교사들이 흔히 범하기 쉬운 실수 중 하나가 성경적 선교 원리를 지나치게 강조한 나머지 1세기의 사도들의 선교 방법을 오늘날의 선교 방법으로 그대로 채택해야 한다는 원리론적 입장을 주장하고 있다는 것이다. 브라질 장로교회 역사를 살펴봐도 분파 운동의 쟁점은 지나친 성경 원리를 고수함으로써 분리 운동의 요인이 되었음을 알 수 있다. 오그너는 "좋은 선교 전략은 원리와 방법을 구분한다"고 하였다(와그너. 전호진 역. 1978. 46). 그러므로 선교 전략 수립에 있어서 1세기 선교 형태만을 고집할 것이 아니라 그 원리를 오늘날의 원리로 현대화시켜야 한다.

둘째는 선교 신학을 현대화하는 것이다. 브라질 현지인 교회의 예배를 드리다 보면, 오순절식 예배를 드리는 것을 종종 보게 된다. 브라질에 파송 받은 GMS선교사가 공동 사역으로 운영하고 있는 GMS신학교는 대부분의 현지인 교회에서 복음 성가만을 부르는 신학생들에게 예배 찬송의 선교 신학적 의미를 가르치고 있다. 예배에 사용되는 찬송도

부를 때 구분이 되어야 한다. 성부, 성자, 성령, 성경, 교회, 성례, 천국, 구원, 그리스도의 삶, 전도와 선교, 행사와 절기, 예식, 경배와 찬양, 영창과 기도송으로 구분하여 때와 장소 그리고 절기에 맞추어 불러야 더 은혜롭다. 현대 교회의 결함을 반영하는 신학의 패배주의적 자세는 선교 신학의 많은 결함을 가져왔다. 영적 생명의 결핍으로 피곤해진 신학은 사회 문제에 관심을 기울이고 주님의 지상명령을 강조하지 않는다. 오늘날 필요한 것은 이러한 인본주의 신학에 대처할 수 있는 성경적 신학의 수립이다. 이러한 관점에서 볼 때, 중남미선교학술대회는 참으로 의미있는 작업이라 생각한다. 이제 선교 신학도 성경론, 인간론, 기독론, 구원론, 교회론, 선교론 그리고 전도론에서 현 세대를 위한 선교 전략의 기초를 성경에서 찾아야 할 뿐 아니라 이를 잘 조정하여 작용할 수 있도록 해야 한다

셋째는 에큐메니즘의 현대화이다. 1910년 에딘버러 회의로 시작된 에큐메니칼 운동은 선교적 관심에서 출발하였다. 하지만 이 운동의 우월권은 점차적으로 변하여 세계 선교 대신 연합 자체가 일차적이 되었을 뿐 아니라 세계의 사회, 정치, 경제 문제를 다루는 세속 운동으로 바뀌었는가 하면, 종교를 문화적인 측면으로 해석하면서 종교 다원화 운동으로 치닫게 됨으로써 복음이 변질되어 성경과는 멀리 떨어져 버렸다. 이런 에큐메니칼 활동을 마태복음 28장 19-20절의 명령을 쫓아가는 세계 복음화의 운동으로 현대화시켜야 한다.

넷째는 선교 기술의 현대화이다. 마지막 때를 살아가는 지구촌 선교 활동에는 꿈과 비전의 열정이 식지 않도록 해야 할 뿐 아니라 다음 세대

를 준비하면서 선교 활동 속에 현대 기술의 응용이 필요하다. 그래서 현대 과학 문명의 이기인 교통, 통신, 매스 미디어를 활용한 문서 활동, 사회 행동 과학, 정보의 수단들을 최대한 선교 전략에 반영하여야 한다.

다섯째는 선교하는 사람이 현대화되어야 한다. 선교는 사람이다. 선교 전략을 수행하는데 필요한 인력은 선교지에 맞는 사람을 선정해야 한다. 선교하는 사람들의 선정과 훈련에 영적, 지적, 신체적, 기술적 조건들을 선교지의 필요에 따라 충분히 고려하고 이를 현 세계 선교 전략에 최대한 반영하기 위해서는 현대화된 전문인 선교사가 필요하며 재정 공급과 동역의 멤버가 될 수 있는 비즈니스 멤버 선교사도 필요하다. 더러는 영어교사도, 컴퓨터전문가도, 농사 전문인, 전문 운동가, 등 다양한 사람이 필요하다.

여섯째는 심리적 조건의 현대화이다. 선교사들 가운데 사역과 사람들에게 시달려 번아웃 된 사람이 있는가 하면, 문화 충격 또는 경제적 불안으로 인한 스트레스성 우울증에 시달린 사람들도 있다. 더러는 가정 문제가 대두되기도 한다. 이러한 저조한 선교의 사기를 북돋아 내부로부터 선교 전략을 개발하는데 도움이 되는 내적 치료 및 건전한 심적 자세의 회복이 필요하다. 선교사들 가운데 이러한 위기를 모면하기 위해 부적절한 선교 사역을 펼치게 되면, 선교에 대한 부정적인 인식이 한국교회를 비롯하여 세계 각처에 세워진 디아스포라 한인교회에 악영향을 끼칠 뿐 아니라 사회로부터 지탄을 받게 됨으로 선교 전략 수립이 부정적으로 반영되는 것을 볼 수 있다.

세계 선교 사역을 수행함에 있어서 실패가 있을 수 있다. 그러나 전부 실패한 것은 아니다. 실패한 곳이 있는가 하면 성공을 거두는 곳도 많다. 그러므로 우리는 선교의 부정적인 면을 강조하기보다는 바울에게 나타난 주님이 "담대하라 네가 예루살렘에서 나의 일을 증언한 것같이 로마에서도 증언하여야 하리라"(행 23:11)는 말씀에 귀를 기울여야 할 것이다. 성령의 능력과 승리에 대한 믿음, "내게 능력 주시는 자 안에서 모든 것을 할 수 있느니라"는 확신으로 가득 찬 선교의 명령 수행자, 성령 충만한 하나님의 사람이 되자.

타 문화와의 접촉

선교 사역은 다른 문화 속에서의 활동을 의미한다. 선교 전략의 요소 가운데 타 문화와의 접촉이다. 선교하는 자와 피선교자와의 만남은 다른 두 문화의 만남이다. 브라질에는 크게 나누어 세 가지의 기본 문화가 있다. 하나는 포르투갈이 브라질에 들어오기 이전부터 남미의 이곳저곳에 산재하여 살고 있던 원주민인 인디오 문화이다. 또 하나는 수도 없이 붙잡혀 밀려들어 온 흑인 노예와 함께 들어온 아프리카 문화이다. 그리고 나머지가 포르투갈의 리베리아 문화이다. 이와 같은 세 가지의 기층 문화를 바탕으로 하여 그 후에 이태리계 문화, 독일계 문화, 팍스 아메리카 문화, 여기에 한국을 비롯한 일본, 중국 등을 통하여 들어온 동양적 색채까지 덧칠하게 되어 그야말로 브라질의 문화 현상은 현란하기 짝이 없다. 그와 같은 다양한 요소들이 서로 충돌하고 때로는 융합하면서 서서히 조화를 이루어 가고 있다. 이러한 거대한 브라질이라는 모자이크풍 칵테일 문화 속에 디아스포라 한인도 한 몫 끼어들어 50년이 넘은 셈이다.

타 문화권에서의 효과적인 복음 전달을 위하여 문화, 문화적인 충격, 그리고 문화적인 장벽이라는 문제에 대한 충분한 연구와 이해는 선교 전략 수립에 있어서 꼭 다루어야 할 필수적인 요소이다.

디아스포라 한인교회는 선교에 앞서 타 문화와 접촉에 있어서 무엇이 다른지를 이해해야 한다. 같은 브라질이라 할지라도 북쪽 노르데스찌 벨렝 성루이스, 폴타레자 페르남부꼬 죠앙페소아 마세오 바이아 살바돌과, 남쪽 꾸리찌바, 산타까타리나, 폴토 알레그레와 아마죤지역 그리고 상파울루와 리우데자네이루가 지역의 문화 수준이 판이하게 다르다. 지적 수준, 종교, 사회적 풍습, 경제와 산업의 발달, 주민들의 기질 등 문화적 차이가 있다. 그러므로 선교를 하려면 지역에 따라 엄청난 자료가 필요하다. 주변의 사람들, 인종, 문화, 일, 가족 제도, 이혼율, 사회적 요구, 범죄율, 가난의 정도, 교육수준, 공장의 수, 교회의 숫자 등. 만일 교회가 있다면 그 지역에 대한 교회에 대한 조직도 필요하다. 방문자의 관점에서 객관적으로 보아야 한다. 예배 형태, 예식, 음악, 언어, 의상 등등 구체적인 주변 환경을 살펴보아야 한다.

선교 전략의 장애 요소

디아스포라 한인교회는 현지인 선교에 무엇이 장애 요소가 되는지를 살펴보고 장애가 되는 요소를 배제하고 선교를 하는 것은 참으로 유익한 일이 되리라 본다. 피터 와그너는 선교 전략 수립을 방해하는 다섯 가지 장애 요소를 (1) 선교사의 전통과 문화 (2) 선교 사업의 건전성 진단에 대한 훈련 부족 (3) 필요에 의한 선교 전략 결정 (4) 성령을 연막으로 이용한 비효과적인 선교 전략과 결과에 대한 기만성 (5) 복음 사업을 사회사업으로 대치시킨 것이다. 옳은 지적이라 생각한다. 필자도 지나간 30여 년을 돌이켜 보면 선교에 제일 장애 요소가 나 자신이었음을 고백할 수밖에 없다. 와그너가 지적한 장애 요소를 가진 자로서 서 있었기에 선교 사역에 보다 큰 열매를 맺지 못한 것이 아닌가 생각해 본다.

현지인 교회 및 목회자와 협력 관계 증진

브라질 디아스포라 연합교회를 시무하고 있는 김요환 목사가 쓴 "쌍파울로 연합교회 이야기"에 소개된 현지 교회와의 협력 관계에 대해 쓴 글이다. "담임 목사의 선교적 비전에 큰 영향을 받아 연합교회는 해외선교 사역에 눈을 뜨기 시작했다. 국내에서는 브라질 장로회 노회들과의 동역하여 현지인 신학교 교수 지원과 학생 보조 및 현지인 여성 갱생원 후원 브라질 한인 밀알선교회 브라질 현지인 미자립 교회들을 물질과 기도로 후원하고 있다"(김요환. 전도명. 2012. 243).

브라질 디아스포라 한인교회가 현지인 불신자들을 직접 전도하고 교회를 개척하는 것도 필요하지만 더 효율적인 방법은 기존 브라질 교회나 교단과 협력하여 선교하는 것이다. 필자는 현지인 교회를 개척할 때 브라질 보수 교단과 협력하여 지역을 정하고 과룰루스 지역을 택하고 과룰루스 제1교회(담임 이사엘 로페스 목사)와 협력하여 쿰비카교회, 코카이아교회, 자마히아교회를 세웠다. 목회자 선정과 행정 지원은 과룰루스 제일교회가 재정 지원과 교회설립에 필요한 제반 협력은 한인교회가 담당하고 합동 연합 예배, 교육 대회, 청지기 교육 등을 실시함으로써 교회의 성장을 도왔다. 오사스코 지역은 오사스코 현지인 교회 오시안데르 목사와 협력하여 교회들을 세워 나갔으며, 뻬리뚜바 지역은 뻬리뚜바교회(히깔도목사)와 협력하여 교회를 개척하였으며, 뻬라시까바 중앙교회와 협력하여 뻬라시까바 지역에 평신도 선교사 안승렬. 유리에를 파송하고, 개척 교회와 무료 진료소를 세워 나갔다. 현지인 선교는 선교 현지에 있는 교회와 목회자들과 협력 관계를 가지고 서로 사랑을 나누며 함께 하나님의 교회를 세워 나가야 된다.

브라질 디아스포라 한인교회 현지인 선교 전략의 기본 원리

본질에 우선하는 선교

사도행전은 주의 종들이 주께 복종하여 나갈 때, 성령께서 어떻게 동행해 주었는지를 보여주는 사건들로 가득 차 있다. 성령께서는 그들이 전하는 말씀을 듣는 자들에게 힘 있고도 생생하게 그리고 실감 있게 확증해 주신다. 가이사랴에서의 베드로의 증거가 그리하였고 사도 바울의 경험 가운데 수없이 그리하였다. 초기 브라질 디아스포라 한인인 장승호(미다 할아버지), 강희동 목사, 이준희 목사, 문명철 목사, 백영훈 교장 등의 발걸음을 인도하신 분도 성령님이시며 그들에게 능력과 권세를 주시어 사용하신 것이다. 바울이 비시디아 안디옥에서 설교했을 때 나타난 결과에 대하여 성경은 다음과 같이 말해 주고 있다. "이방인들이 듣고 기뻐하며 하나님의 말씀을 찬송하며……"

선교의 본질은 성령과 예수의 증인이다. 무엇보다도 우선해야 할 것은 오직 성령이 임하시면 권능을 받고 예수님을 증거하는 것이 선교이다. 솔 토우는 성령과 선교에서 복음의 세계적 전파를 인도해 나가는 같은 성령으로 말미암아 유사한 결과들이 나타날 수 있을 것을 기대하며 선교의 본질에 대하여 다음과 같이 정리하고 있다.

선교 사역에서의 성령의 위치

우리가 사도행전이라고 부르는 책은 오히려 성령의 행전이라고 부르는 것이 합당할는지 모른다. 사도행전에 나타난 모든 사건마다 성령께서 복음 전파에 지도적 영향을 끼치고 있으며 활동자로 등장하고 있다.

약속된 성령

사도행전 1장 8절에는 예루살렘으로부터 땅끝까지 이르러 증거해야 할 제자들의 사명을 위해서 주님께서 그들에게 보혜사 성령을 약속하셨다. 제자들은 예수님의 지상명령을 수행하기 위해서 성령이 베푸시는 권능을 받아야만 자신을 준비할 수 있었다. 베드로가 오순절에 하였던 그의 설교 가운데서 성령의 강림은 하나님의 영을 그의 백성에게 부어 예언하게 할 것이라고 한 요엘 선지자의 예언이 이루어진 것이라고 하였다(행 2:17-18)

전파를 가능케 함

성령께서 주님의 약속대로 사도들로 하여금 복음 전파를 가능케 한 사건들이 성경 여러 곳에 나타난다. 사도행전 2장 4절 "성령이 말하게 하심을 따라" 베드로는 "성령이 충만하여"(행 4:8) 산헤드린 공회 앞에서 주님의 부활을 담대히 증거하였다. 그는 물론 다른 사도들도 같은 권능으로 군중들 앞에서 복음을 증거하였다. 스데반 역시 이 같은 지혜와 성령의 권능으로 말하였기 때문에 그를 반대하는 자들도 그의 증거의 능력을 당하지 못하였던 것이다(행 6:10).

한 알의 밀알(첫 순교자)

스데반은 기독교의 첫 순교자로서 한 알의 밀알이 되었다. 그가 순교의 제물이 될 때, "하나님의 영광 및 예수께서 하나님 우편에 서신 것을 보고" 자기를 향해 돌을 던지는 자들을 위하여 용서를 비는 승리의 기도를 드렸다(행 7:55-60).

복음 전파를 지도함

성령은 사도들이 나갈 길과 전도할 장소 등을 결정함에 있어서나 선교 정책을 결정함에 있어서 번번이 복음 전파에 지도자로 나타났다.

사도행전 15장 28절 "성령과 우리는 이 요긴한 것들 외에는 아무 짐도 너희에게 지우지 아니하는 것이 옳은 줄 알았노니"

예루살렘 사도들의 회의 때에 이방인 기독교인에 관계하여 구원에 필요한 것들에 대한 논의가 있을 때 회의는 만장일치로 결정되었다. 사도들은 흔히 기독교의 자유에 관한 "마그나 카르타"(MAGNA CHARTA-영국의 자유를 보장하는 법)라고 불리는 이 중대한 결정을 하는데 있어서 성령에 의하여 인도되었다는 의식을 그대로 표시하였다. 이 결정은 교회가 제한된 유대 사회를 벗어나 세계적인 조직으로 변화하게 되는 중요한 결정을 사도들이 하게 될 때 성령의 지도가 있었다는 것이다. 성령의 지도적 영향은 교회 정책의 중요한 문제에만 나타난 것이 아니고 외지 선교 계획에도 나타나셨다.

사도행전 8장 26절 "주의 사자가 빌립에게 말하여 이르되 일어나서 남쪽으로 향하여 예루살렘에서 가사로 내려가는 길까지 가라 그 길은 광야라"

빌립에게 사마리아의 성공적인 사업들을 버리고 예루살렘과 가사 사이의 광야로 내려가라고 명하신 주님의 명령은 거기서 에티오피아 여왕 간다게의 모든 국고를 맡은 재상과의 잊을 수 없는 경험을 갖게 함으로 그를 주님께로 인도하게 하였다

사도행전 16장 6-7절 "성령이 아시아에서 말씀을 전하지 못하게 하시거늘 부르기아와 갈라디아 땅으로 다녀가 무시아 앞에 이르러 비두니아로 가고자 애쓰되 예수의 영이 허락하지 아니하시니라"

사도행전 19장 10절 "바울이 환상을 본 후 우리가 마게도냐로 떠나기를 힘쓰니 이는 하나님이 저 사람들에게 복음을 전하라고 우리를 부르신 줄 인정함이라"

이 구절들은 분명히 성령께서는 외지 선교의 계획이나 복음을 전할 장소의 순서까지도 지도하고 계심을 볼 수 있다. 신교는 하나님의 인도하심과 지도편달을 받아야 한다.

사역자를 불러 임명함

사도행전 13장 2절에 "내가 불러 시키는 일을 위하여 바나바와 사울을 따로 세우라" 하신 이는 성령이셨다. 이 구절은 교회의 외지 선교 사역의 시초를 의미하는 말씀으로 성령이 외지 선교 사업을 착수할 수 있도록 사역자를 임명한 것이다.

바울과 바나바는 성령의 보내심을 받아 실루기아에 내려가 거기서 배 타고 구브로로 가서(행 13:4)

성령 없이 복음을 전파할 수 없으며, 성령의 보내심을 받지 않으면 사역자로서 역할과 사명을 감당할 수 없다. 오직 성령이 임하셔야 권능을 받고 일할 수 있기 때문이다.

디아스포라 한인교회가 현지인 선교의 주역의 역할을 하려면

　브라질 디아스포라 한인교회가 현지인 선교의 주역의 역할을 하려면 사도행전에 나타난 하나님의 교회가 승리하는 과정을 잘 살펴보아야 한다. 사도행전은 교회가 세워지는 과정을 잘 알려주는 책으로 사도행전이 없으면 바울의 서신도 잘 이해할 수 없다. 디아스포라 한인교회가 선교의 원리와 전략을 연구하기 위해서는 반드시 사도행전을 참고해야 한다.

　더러는 21세기를 살면서 현대 선교 전략을 세움에 있어서 사도행전에 나타난 초대 교회의 선교 이론과 전략이 "오늘의 시대에 적용할 수 있느냐?"는 문제를 제기한다. 비록 시대와 문화가 다를지라도 바울의 선교 전략은 지금도 기본 원리로 채용해야 한다고 생각한다. 브라질 개신교 장로교회 역사를 살펴보는 가운데에서도 이 원리를 적용해야 하는 타당성을 발견할 수 있으며, 초기 브라질 디아스포라 한인 선교 역사에서도 분명하게 나타나 있다. 오늘날 브라질 디아스포라 한인교회가 선교의 주역이 되려면, 사도행전의 선교 원리를 따라 선교 전략을 반드시 세워 나가야만 승리할 수 있다고 본다.

　사도행전의 교회는 성령에 의하여 시작하여 요원의 불길처럼 지중해 전역에 확산되었다. 이 교회는 전도하는 교회, 교육하는 교회, 교제하는 교회, 봉사하는 교회, 선교하는 교회로서 모습을 갖추었다. 또한 특정인들로만 구성되는 동질 집단의 교회가 아니라 유대인과 이방인, 자유인과 노예가 함께하는 교회였다.

　브라질 디아스포라 한인 선교 역사를 살펴보면, 초창기에 일본인, 조선족의 신분으로 이 땅에 처음 발을 디딘 장승호(일명 미다할아버지)는 소년 시절에 일본에 건너가 살면서 차별이 심한 일본 사회 속에서 그래도 교회만은 장벽이 없이 받아 주었다고 간증하고 있으며, 반공 포로로 브라질에 입국한 강희동 목사와 문명철 목사는 교회가 따뜻하게 영접하여 배움의 기회를 주어 복사가 되게 해주었다고 고백하고 있다.

오늘도 디아스포라 한인교회가 이민자들을 안고 요람에서 무덤까지 돌보며 그들과 함께 울고 웃으며 선을 행하고 선한 사업에 부하고 나누어주기 좋아하고 동정하며 살아가면 선교의 주역이 되어 주님의 지상명령인 대 과업을 완수할 수 있으리라 생각한다.

브라질 장로교 개신교 역사에 나타난 선교 활동과 브라질 디아스포라 한인 선교는 초창기부터 다른 어떤 곳보다 사도 바울의 선교 방법을 충실히 따른 지역이다. 수많은 이교도들을 교회의 품으로 끌어들이고 예수의 복음을 전파하고 부도덕한 관습을 폐지하고 교육과 문화를 널리 보급 시킴으로써 국가와 사회 전반에 그 영향력을 나타낸 것이다.

성령의 인도함을 받은 거점 중심적 선교

교회의 시작은 오순절 성령 강림으로부터 시작된다. 전도도 오순절의 성령의 역사로 인하여 시작된다. 성령은 구약에서 예언했으며, 예수님께서 명하신 이방 선교를 실천에 옮기도록 한 선교의 집행자이시다. 사도행전은 성령행전이며, 선교행전이다.

전호진은 성령과 선교에서 "영국의 선교 학자 알렌은 인간은 자기 생명을 무릎쓰고라도 자기가 간직한 비밀을 다른 사람에게 전달하고자 하는 본능이 있지만 그러나 전도의 열심은 인간의 본능이 아니라 성령에 의한 것"이라고 강조하였는데 이것은 올바른 지적이다"(1985. 70)고 하였다.

사도행전 1장 8절은 성령이 임하시면 권능을 받고 예루살렘, 온 유대, 사마리아, 땅끝까지로 거점 선교의 중요성을 말씀하고 있다. 사도 바울도 갈라디아, 아시아, 마게도냐, 아가야 등 네 지역을 거점으로 삼고 복음을 증거했다. 바울은 전략적 중심지에 교회를 세움으로써 시간이 흐르면 복음이 자연히 그 주위에 편만하게 될 것을 깨달았다.

반공 포로 이준희 목사는 거점 중심적 선교를 하면서 가가호호 방문하면서 기도해 주고 말씀을 전하는 가운데 2년 뒤에는 8개의 교회가 생겼다. 모두가 초신자였지만 그중에 열심 있는 자를 택하여 집에서 성경 공부와 사역 훈련을 시키고 그들로 교회를 돌보게 함으로써 교회가 부흥하였다.

브라질 디아스포라 한인교회도 브라질 지도를 보고 각 도시에 세워져 있는 교회와 선교사들에 세운 현지인 교회를 거점으로 삼고, 그 거점을 중심으로 선교함으로써 현지인 교회를 세우고 세계의 5분의 1에 해당되는 브라질 전역에 복음을 전하여 하나님을 기쁘시게 하여야 할 것이다.

1.5세 2세 동역자 발굴 및 양육하여 팀 선교를

요즘 브라질 디아스포라 한인교회는 양국어를 할 수 있는 학생 또는 청년회를 지도할 지도자를 찾고 있다. 한동안 브라질 디아스포라 한인교회는 학생 및 청년 운동이 일어나 교회마다 생기가 가득하고 생동하며 생명을 주는 교회로서 힘있게 선교와 교육에 힘을 나타내었다. 각종 체육 대회, 학생 연합 수양회, 복음 성가 대회, 남미 코스타, 국토 순행, 선교 여행 등 정규적인 행사들이 가득 찼으며 학부모들이 자원하여 동행하고 필요한 물질적인 지원 속에 일하는 즐거움과 기쁨이 가득하였다. 또한 헌신자들도 쏟아져 나와 현재 목회자로 일하고 계신 분들이 많다. 또한 KCM, KCCC, UBF, 하나로 선교단, 새로핀 선교단, 기독교 대학생 연합회 등 1.5세 2세들이 중심이 된 선교단체들이 활발하게 선교 활동을 펼쳤다.

세계 기독교 선교 역사를 살펴보면, 각 시대에 나타난 학생 운동의 중요성을 쉽게 찾아볼 수 있다. 예를 들면 도미니칸과 프란시스칸(13세기), 루터와 위텐베르크, 칼빈과 제네바, 진젠돌프의 겨자씨 선교회와 할레 대학, 로욜라의 예수회와 파리 대학, 웨슬레의 감리교 운동과 옥스포드 대학, 찰스시므온과 캠브리지 대학, 그리고 사무엘 밀스의 형제회와 윌리암스 대학 등을 들 수 있다.

브라질 디아스포라 한인교회는 이미 어른이 되어 선교의 주역이 된 1.5세를 중심으로 2세, 3세들에게 눈을 돌려 지도자를 발굴하여 양육할 뿐 아니라 이들이 선교 동역자로서 일할 수 있도록, 또한 팀을 이루어 선교를 할 수 있도록 적극성을 띠어야 할 것이다.

융통성 있는 선교 사역

타 문화권에서 복음을 전할 때 누구나 장벽을 만나게 된다. 그런데 때로는 장소에 따라 전통적인 방법으로 접촉을 할 수 없을 때도 있다. 복음의 내용에 관한 일체의 양보가 있을 수 없으나 예수 그리스도의 복음을 효과적으로 전달하기 위하여는 융통성이 필요하다.

브라질 디아스포라 한인들을 자세히 관찰하다 보면 그들이 언제 브라질에 언제 도착했는지가 중요하다. 대부분의 디아스포라 한인들이 브라질에 도착하여 정서적 감성과 지혜가 자라지 못하고 새로운 경험을 하지 못하여 갇힌 채 그대로 있어 30년이 지나 할머니가 되었어도 도착할 당시 소녀의 감성을 그대로 보존하고 있는 것을 본다. 그래서 디아스포라 한인교회를 목회하려면 맞춤형 목회 즉 융통성을 가진 목회를 해야 한다.

선교 사역을 하다 보면 각종의 장애물을 만나게 된다. 이러한 장애를 극복하고 복음을 전하여 한 영혼을 구하려면 내 생각만 가지고는 안된다. 때로는 나의 모든 것을 내려놓고 물이 흐르는 대로 나 자신을 떠내려 보내야만 될 때가 있다.

하나님의 주권을 믿고 지금 이 순간에는 눈에는 보이지 않고 귀에는 들리지 않으며 손에 잡히지 않아도 때를 따라 돕는 은혜를 구하며 병든 자에게는 치료를 병행한 복음 전파, 걸인들에게는 빵과 하룻밤 잠자리를 제공하며 복음을, 마약 및 알콜 중독자에게는 재활을 돕는 여러 가지 프로그램을 진행하며 예수님의 사랑을 전파하는 융통성을 가져야 한다.

개척 교회를 가난한 지역에 세우면 교우들의 당면한 문제를 보고 듣게 된다. 직장이 없어 온 식구가 굶고 있을 때 먹을 것과 함께 직장을 구해 주어야 한다. 그러려면 융통성 있는 다양한 선교 전략을 세울 수밖에 없다.

ABD선교부는 열악한 환경 속에 방치되어 자연스럽게 범죄의 소굴로 빠진 청소년들의 선도와 복음 전파를 위해 청소년들이 쉽게 접근할 수 있는 축구 학교를 세웠고, 맞벌이 부부들의 발목을 잡아 가난의 굴레를 벗어날 수 없는 아이의 문제를 돕기 위해 탁아소를 교회 안에 두어 아이들과 부모 모두에게 신앙 교육을 시키며 복음을 전할 기회를 만들었다. 그리고 일자리를 찾지 못해 굶는 사람들을 위해 소뺑(빵과 우유를 정기적으로 나누어 주는)사역을 진행하고 있다. 또한 선교 후원자들의 기업을 순회하며 고용하고 있는 현지인들을 중심으로 직장 예배를 인도하면서 노사 문제를 해결해 줄 뿐 아니라 일거리를 찾는 이들에게 일자리를 알선해 주는 직장 선교를 하고 있다. 당면한 문제를 해결해 주면서 복음을 전하는 융통성 있는 선교 전략을 펼치고 있다.

현지인 교회 설립과 자립 선교를 위한 전략

브라질 디아스포라 한인교회의 최종 목표는 현지인 교회를 설립하되 자립하는 교회로 세워 제자 삼는 교회 즉 선교하는 자립 교회를 세우는 데 있다. 그러려면 자립 선교를 위한 전략이 있어야 한다. 정보를 입수하고 작전을 세우고 계획하여 싸움에 임하려는 준비를 전략이라고 한다. 이러한 전략을 선교에 적용할 때 우리는 인간의 두뇌 힘으로만 생각하지 않고 하나님의 말씀에 나타난 성경적 원리를 쫓아야 된다고 본다.

성경적 원리

김의환 박사는 성경적 원리를 세 가지로 제시한다. 첫째, 가나안 점령을 위한 이스라엘 12지파의 정탐꾼 파견과 정탐 후 보고에서 정보를 중요시한 전략을 배울 수 있다. 12명 중 2명만이 하나님 중심적인 정확한 정보를 제공했다. 둘째, 누가복음 14장 28-30절에 나타난 망대 공사에 관한 주님의 가르침에서 거사에 있어서 사전 계획이 필요함을 알 수 있다. 셋째, 사도행전 1장 8절에서 주님은 "내 증인이 되라"고 말씀하신다. 이 말씀 속에도 복음 전파에 있어서 사전 계획이 필요함을 암시해 주고 있다.

선교 전략의 목표는 마태복음 28장 19절 "가서 제자를 삼고 세례를 주고 가르치라" 선교 명령 속에 그리스도인의 사명이 교회 설립에 있음을 가르치고 있다. 그래서 바울은 가는 곳마다 교회를 세웠으며 오늘날 브라질 디아스포라 한인교회도 계속하여 현지인 교회를 설립하여 자립하도록 하는데 선교의 목표를 두어야 된다고 본다.

모든 선교사들의 공통된 숙제는 현지인 교회 설립과 자립 선교의 문제라 할 수 있다. 브라질 디아스포라 한인교회들은 네비우스 선교 정책을 지지하고 현지인 교회 설립에 적용하여 보았지만 큰 효과를 보지 못했다. 그 이유가 어디 있다고 생각하는가? 먼저 네비우스 선교 정책이 무엇인지 살펴보자;

네비우스 선교정책

네비우스가 제시한 4대 원칙은 다음과 같이 요약할 수 있다. (1980년 주한 장로교 선교회가 중국 산동성에서 성공적으로 선교한 네비우스 (john Nevius)를 초청하였을 때 발표한 내용임)

1) 한국교회는 성도들의 전도를 통하여 부흥을 기대할 것, 한 사람이라도 그리스도에게 인도하였으면 그를 끝까지 가르쳐서 그가 또 다른 사람을 전도하는 일꾼이 되기까지 돌아볼 것(자력 전도)
2) 교회의 치리권은 그 교회 자체가 스스로 행사할 수 있도록 법과 방법을 제정할 것(자치 행정)
3) 교회가 발전하여 그 교회 자체가 능히 자립할 수 있는 인원이나 기구가 마련되면 다시 전도 사업에 자격이 있는 사람을 택하여 전도할 수 있도록 뒷받침할 것(자립 경제)

4) 예배당 건축은 교인 자신들이 짓도록 하며 건축 양식도 그 지방 고유의 양식대로 하게 할 것 (토착화 교회)

네비우스의 4대 원칙을 따라 한국교회가 세운 시행 방침
1) 선교사는 널리 순회 전도를 힘쓸 것
2) 신자의 교사화에 힘쓸 것
3) 교회 운영은 자치적으로 하되 무보수 지도자에 의하여 관장케 하고 조사(전도사)에게 교회가 봉급을 지불하고 목회 경험과 성경 지식을 쌓아 나중에 목사가 되게 할 것
4) 예배당 건축, 교회 경비, 순회 조사의 봉급을 신자들이 부담토록 할 것
5) 각 교회 성경반을 조직하여 장로나 영수나 조사로 하여금 성경을 가르치게 할 것
6) 교회 규칙을 엄중히 지키며 성경 상의 죄 범함을 엄금할 것
7) 교회 연합 사업을 권장할 것

브라질 디아스포라 한국인 선교사들도 현지인 교회 설립을 하면서 이를 참고하고 현실에 맞는 선교 정책을 연구해야 한다.

현지인 선교 전략을 위한 몇 가지 제언
브라질 한인 역사가 50주년이 되었다. 마찬가지로 브라질 디아스포라 한인교회 역사도 50년이 넘었다. 과거의 통찰력은 미래의 방향 제시를 하게 해 준다. 지난 50년의 역사로부터 나타난 브라질 한인교회 현지인 선교의 장단점을 근거로 보다 나은 선교를 위한 몇 가지 제안을 하고자 한다.

1) 브라질 디아스포라 한인교회에 맞는 선교 신학 수립이다.

감사한 것은 브라질 디아스포라 한인교회들의 신학은 복음적이며 보수 개혁주의 입장에 선 청교도 신앙을 가진 초창기 선교사들이 기초석을 잘 놓았다. 장승호, 강희동, 문명철, 이준희, 백영훈은 정직하고 근면하며 겸손한 분들이며 기독인의 삶을 살면서 주어진 환경을 잘 적응하면서 복음을 전하며 빛과 소금의 직분을 잘 감당했다.

한국과 미국을 통하여 선교사로 명받고 브라질 선교사로 파송 받아 온 한성욱, 김계용, 박광자, 황문규 선교사도 보수적이며 청교도적이었다. 이민을 온 디아스포라 한인 교인들도 일제와 6.25를 겪으면서도 순교적 신앙을 지켜 온 사람들이 많아 보수적인 신앙 노선을 좋아했다. 그러므로 선교적 강점을 제한하는 흠이 있다. 그러므로 제안하는 것은 바울과 같이 신앙은 보수신앙을 잘 간직하되 선교적 강점을 극대화할 수 있는 상황 신학을 수립하여 다양한 선교 방법과 융통성 있는 선교 전략을 세우기를 제안한다.

2) 사역 지향적이 아닌 관계 지향적인 선교를 제안한다.

초기 브라질 디아스포라 선교 사역자인 장승호, 강희동, 문명철, 이준희는 관계를 소중히 여긴 사람들이다. 그러나 83년도 이후에 온 선교사들은 대부분이 실적 위주의 사역을 하고 있는 것을 볼 수 있다. 그렇게 할 수밖에 없는 한국적 상황도 문제이다. 디아스포라 한인교회 선교는 단지 선교사가 사역 기간을 마치고 떠나가는 것이 아니라 영원히 브라질에 남는다는 생각을 가지고 다소 시간이 걸리더라도 현지인들과의 이해와 신뢰를 바탕으로 한 관계 지향적 선교를 해야 한다.

3) 선교 사역의 전문성 개발을 제안한다.

4) 협력 선교의 개발을 제안한다.

5) 이중 언어 또는 다중 언어를 할 수 있는 2세 및 3세 지도자 양성을 제안한다.

6) 네비우스 선교 방법에 대한 구체적인 이해와 적극적인 적용을 제안한다.

　브라질 디아스포라 한인교회와 선교사들이 현지인 사역에서 제일 힘든 것이 현시인 교회 건축과 교역자 사례비 지출이다. 대부분의 선교사가 사역을 더 확장하지 못하는 이유가 경제적인 문제인 것을 본다. 이것은 선교의 본질에서 벗어난 자기 생각이다. 초기 선교사인 이준희 목사를 비롯한 많은 선교사들의 사례를 살펴보면 한 사람이 교회나 기도처를 하나 이상 열 군데를 담임하고 있음을 볼 수 있다. 그러므로 교역자가 몇 달에 한 번씩 주일 예배를 인도할 정도이고 나머지는 각기 그 지역에 평신도 지도자들이 인도한다는 것을 의미한다. 이런 방법으로 모든 것을 자신들에게 맡길 때 성령의 인도로 새 신자들이 속히 늘어난다는 것은 괄목할 만한 일이다.

　현재 브라질에 파송 받아 사역을 하고 있는 한인 선교사가 약 100여 가정이 된다. 디아스포라 한인교회들과 한인 선교사들이 선교를 하면서 고민하고 있는 문제는 무엇이며, 망설이고 주춤하면서 선교 사역을 진행하지 못하고 있는 것은 어디에 문제가 있다고 생각하는가?

현지인 개척 교회를 세울 때 제일 먼저 자리잡고 있는 생각은 무엇인가? 사도행전에 나타난 초대교회로 돌아가 새로운 선교 전략을 세워야 하지 않을까?

하나님께서 기뻐하시는 건강한 선교 전략

기도 전략

선교는 영적 전쟁터에 나가는 것이다. 역사를 인도하시는 손길은 하나님의 손길이다. 모든 사건과 역사의 부산물을 책임지시는 분은 하나님이시다. 이러한 더욱 광범위한 역사 속에서 하나님께서는 그분의 형상을 입고 만들어진 사람들로서 하나님께 나아가 기도하며 하나님과 교제할 수 있는 은혜를 베풀어 주셨다.

선교는 주님의 지상명령이다. 명령 수행에 앞서 전략이 필요하다. 작전명령은 오직 성령이 임하시어 권능을 받고 출전하는 것이다. 선교는 모이어 성령이 임하시기를 기다리는 것이다.

모이어 기도에 힘쓸 때(행 1:14) 오순절 성령이 강림하셨고, 그들이 다 성령 충만함을 받고(행 2:3-4) 사역을 시작한 것이다.

"너희는 가서" 선교의 주체는 가는 사람이 아니고 보내시는 하나님이시고, 그 능력을 부여해 주시는 분이 성령님이시기에 기도는 필수적인 요소이다.

요한복음 20장 21절에 "아버지께서 나를 보내신 것 같이 나도 너희를 보내노라"고 했다. 선교는 하나님께서 시작하셨고 하나님 자신의 일을 하는 것이다. 보내심을 받은 자는 보내시는 자의 사역을 해야 한다(행

1:1-5). 즉 선교사는 "그리스도의 이름을 이방인과 임금들과 이스라엘 자손들 앞에 전하기 위하여 택함을 받은 그리스도의 그릇"이다(행 9:15).

그러므로 "가서" 즉 "보내심을 받아서" 가는 자의 예의와 도리를 지켜야 한다. 기다리고 권능을 받아 나아가 주의 이름으로(왕권) 전해야 한다. 이 예의와 도리라는 것은 자신의 말이나 경험을 전하는 것이 아니고 하나님의 말씀을 전하여 이방인을 회개시키고 교회를 설립하여 하나님의 영광을 드러내는 것이다.

누가는 사도행전을 기록하면서 복음서와 사도행전의 실질적인 주인공이 예수 그리스도이심을 말하고 있다. 그러므로 선교의 주체이신 그리스도 예수와 주고받으면서(기도) 하는 것이 선교이다. 그래서 기도 전략이라고 하는 것이다.

사도행전이란 선교를 위해 사도들이 사용한 영광 중에 계시는 예수님 자신의 행전이라 할 수 있으며 성령행전이라 할 수 있다.

바울은 빌립보 성도들에게 "너희 안에서 행하시는 이는 하나님이시니"(빌 2:13)라고 했다. 성령은 아시아 전도를 막으시고 마게도냐 전도를 택하게 하셨다. 또 바울에게 이방인 선교의 특수 사명을 맡기셨다. 이렇게 볼 때 선교의 주체는 사람이 아니라 하나님이시며, 성령님이라는 것을 알 수 있다. 그러므로 브라질 디아스포라 한인교회는 현지인 선교를 할 때 먼저 기도 전략을 세우고 성령이 임하시기를 위해 기도하고 권세와 능력을 성령님으로부터 받고 가라는 곳으로 떠나 복음을 증거해야 된다.

함께함의 전략

브라질 디아스포라 한인교회 목회와 현지인 선교에 가장 중요한 원리는 사랑함이다. 하나님 사랑, 이웃 사랑은 성경의 핵심이다. 사랑하는 자의 공통된 특징은 함께함이다. 하나님께서 우리를 사랑하심은 예수님의 성육신 즉 하나님이 사람의 몸을 입으시고 이 땅에 오셔서 임마누엘 되심이다. 함께함이란 만남과 나눔과 섬김과 자기를 비어 내어주심이다. 이것이 성육신 선교이다.

폴 G. 히버트는 성육신이 의미하는 것은 처음부터 마지막까지 하나님의 사역이라는 것이다. 하나님께서 선교 사역 가운데 임재하여 계시지 않는다면 선교사, 메시지, 교회의 성육신은 그 의미를 잃고 만다(성육신 선교 사역, 1998).

예수께서 나를 사랑하시고 나를 위해 죽으셨다는 사실 하나만 가지고도 우리는 일평생 감사하고 또 감사할 수 있다.

사도 바울은 자기를 찾아와서 만나 주시고 구원해 주시고 일평생 함께해 주신 예수님께 감사하며 평생 주님과 함께하면서 선교 전략을 세워 나갔다. "미쁘다 모든 사람이 받을만한 이 말이여 그리스도 예수께서 죄인을 구원하시려고 세상에 임하셨도다. 죄인 중에 내가 괴수니라"(딤전 1:15) 사도 바울은 예수님이 자기를 구원하셨을 뿐 아니라 자기를 주님의 일꾼으로 삼으시고 자기에게 사도의 직분을 맡기신 것을 인해서 평생 감사했다. "그리스도 예수 우리 주께 내가 감사함은 나를 충성되이 여겨 내게 직분을 맡기심이니"(딤전 1:12)

선교는 나를 찾아오신 주님과 함께 잃어버린 한 영혼, 영혼을 찾아가 만나서 나와 함께 하신 사랑의 주님, 날 구원하신 주님을 전하는 것이다. 그들과 함께하면서 나누고 베풀며 사랑하고, 섬기며 나를 내어주면서 주님의 사랑을 실천하는 것이다.

바울이 나를 본받으라 한 것이 바로 함께함의 전략이다. 함께 할 때 서로 간의 앎이 형성된다. 목자와 양의 관계가 성립된다. 나는 너를 알고 너는 나를 알때 비로서 사랑하게 되고 사랑하면 함께하게 된다. 나와 함께하신 주님을 영접하고 곧 그 이름을 부를 때 아버지와 아들과 성령의 이름으로 세례를 주고 다시 주님이 우리에게 분부한 모든 것을 가르치며 제자를 삼아 다시 내어 보내는 것이 함께함의 전략이다.

예수께서 나아와 말씀하여 이르시되 "하늘과 땅의 모든 권세를 내게 주셨으니 그러므로 너희는 가서 모든 민족을 제자로 삼아 아버지와 아들과 성령의 이름으로 세례를 베풀고 내가 너희에게 분부한 모든 것을 가르쳐 지키게 하라 볼찌어다 내가 세상 끝까지 너희와 항상 함께 있으리라"

선교하면 능력과 권세를 주셔서 선교하게 하시고 제자 삼게 하신다. 세례 베풀고 분부한 모든 것을 가르치면 주님이 함께하사 열매 맺게 하시며 제자 삼는 제자되게 하신다.

브라질 디아스포라 한인교회가 현지인 선교를 할 때 함께함의 선교 전략을 세우고 주님과 함께 만나고 주님과 함께 나누고, 주님처럼 섬기고 나를 비어 내주면서 예수님의 복음을 전하면, 주님께서 나와 함께 하시어 열매 맺게 하시고 능력을 주셔서 기적을 행하게 하시고, 병을 고쳐 주시고, 여호와 이레 하나님께서 나보다 먼저 가시어 필요한 모든 것을 준비해 주시므로 풍성한 열매를 맺게 하신다. 세상 끝날까지 우리와 함께해주시겠다고 약속하신 함께함의 선교 원리를 따라 현지인들과 함께하며 선교 사역을 감당하자.

처할 줄 아는 전략

성경은 삶의 현실을 배경으로 주어진 계시이다. 그러므로 성경은 그 구성 성격에서 토착적인 요소를 내포한다. 복음서와 선지자 그리고 사도들은 청중에 따라서 구조와 표현의 차이가 있다. 누가복음은 범세계적 성향을 띠었으며, 마태복음은 유대적 성향이 짙은 것을 볼 수 있으며 서로 대조적인 것을 예로 들 수 있다. 성경 계시를 감싼 당시의 역사적 배경이나 문화적 요소나 사회적 환경 등을 고려해 놓지 않고는 올바른 계시 이해를 기대할 수 없다. 그러므로 브라질 디아스포라 한인교회는 현지인 선교를 하면서 만나는 사람, 환경, 문화, 사건 등에 처할 줄 아는 선교 전략을 가져야 한다.

사도 바울은 고린도전서 9장 19-22절에 "내가 모든 사람에게 자유로우나 스스로 모든 사람에게 종이 된 것은 더 많은 사람을 얻고자 함이요, 유대인들에게 내가 유대인같이 된 것은 유대인을 얻고자 함이요 율법 아래에 있는 자에게는 내가 율법 아래에 있지 아니하나 율법 아래 있는 것 같이 된 것은 율법 아래 있는 자들을 얻고자 함이요, 율법 없는 자에게는 내가 하나님께는 율법 없는 자가 아니요 도리어 그리스도의 율법 아래에 있는 자이나 율법 없는 자 같이 된 것은 율법 없는 자들을 얻고자 함이요, 약한 자들에게 내가 약한 자와 같이 된 것은 약한 자를 얻고자 함이요 내가 여러 사람에게 여러 모습이 된 것은 아무쪼록 몇 사람이라도 구원하고자 함이니" 우리는 성경 계시의 영원 불변성과 절대적 진리성을 확신하면서 동시에 그 계시의 환경과 상황 속에 주어진 시간과 공간의 제한성을 가진 자신임을 인정해야 한다.

브라질 디아스포라 한인교회는 먼저 복음을 현지인 선교지에 전파하기 전에 당시의 메시지가 주어진 상황을 바로 이해하여야 한다. 이러한 상황의 다이내믹을 이해하면서 그 속에서 깨달은 불변의 진리(복음)를 오늘의 또 다른 상황 속에 알맞게 처할 줄 아는 전략을 세울 필요가 있다. 유대인에게 유대인으로, 헬라인에게는 헬라인으로, 인디오에게는 인디오처럼, 걸인들과 노숙자들에게는 그들에게 걸맞은 모습으로 다가가서 복음 전파해야 한다. 또 다른 상황 속에 알맞게 복음을 전파해야 하는 데서 선교의 토착화 문제가 제기된다.

　성경의 진리는 추상적인 진리가 아니라 역사 속에 심어진 진리이며 생활 속에 설명된 진리이다. 예수 그리스도께서 진리를 전하시기 위하여 친히 사람이 되신 성육신 사건이 바로 선교의 토착화 즉 처할 줄 아는 선교 전략의 모델이라 할 수 있다.

　연합교회 집사 출신이며 나성 영락교회 원로장로인 이기간 장로는 "내가 본 김계용 목사"란 글에 이렇게 표현하였다. "김목사님은 한 마디로 말하면 생활 전체가 성경적이었다고 말할 수 있다. 즉 하나님 말씀대로 사신 분이다. 사랑하라고 말씀하지 않으셔도 김 목사님을 대하면 사랑을 배우게 되고, 온유 겸손해야 된다고 말씀하지 않아도 온유 겸손을 배우게 되고, 성실하라 관용하라 말씀 아니하셔도 성실과 관용을 배우게 되었다."

　브라질 디아스포라 이민 초기에 장승호, 강희동, 문명철, 김계용 목사는 초기 교포 사회에서 신자와 불신자를 막론하고 존경하고 따랐다. 그 이유는 성육신하신 예수님을 본받아 선교의 토착화 즉 처할 줄 아는 선교 전략의 롤모델이 되었기 때문이다.

하나님께서 주신 꿈을 가지고 펼치는 사역

비전은 미래에 성취될 큰 그림이다. 이 비전은 열정을 이끌어 내는 미래의 그림이다. 이 비전이 하나님께서 주신 꿈이다. 내게 주신 꿈은 "세계를 가슴에 품고 라틴아메리카를 무대로 삼고 브라질에서 출발하자"는 꿈을 30년 전에 주셨다. 오늘에 와서 보면 그 꿈을 이루어 주셨으며 그 꿈을 함께 나누며 국토 순행 선교 여행을 하면서 브라질 전역을 밟은 청소년들이 내가 꾼 꿈처럼 살고 있다.

사도행전 23장 11절에 "내가 예루살렘에서 나의 일을 증언한 것같이 로마에서도 증언하여야 하리라"는 꿈을 바울에게 주셨고, 바울은 그 꿈대로 로마에서도 복음을 증거했다. 아브라함에게도 요셉에게도 꿈을 주시고 그 꿈을 이루게 해주셨다.

남미 최초의 선교사 한성욱 목사도 중국 산동 시골에서 "예수님은 부자나 고관이나 왕을 위해 오신 것이 아니라 죄 많은 죄인들을 위해 세상에 오셔서 그들을 위해 죽으셨지. 아! 그렇다. 나도 앞으로 목사가 되면 미개한 나라에 가서 복음을 전해보자(한성욱 1984. 12). 그는 그 꿈대로 파라과이, 아르헨티나, 브라질에 최초의 교회를 각 나라에 세웠다.

이와 같이 브라질 디아스포라 한인교회는 선교 전략을 세울 때 반드시 하나님께서 주신 꿈을 가지고 전략을 세워야 한다. 자신을 향한 하나님의 계획에 대해 진지하게 묻고, 나를 부르셔서 내게 주신 하나님의 꿈을 품고 순종하며 나가야 건강한 선교를 할 수 있다. 선교의 주체는 하나님이시기에 브라질 디아스포라 한인교회 및 선교사가 현지인 선교 사역을 펼칠 때 하나님께서 주신 꿈을 가지고 선교 전략을 세워 나가야 한다.

맺으며

　브라질에 세워진 디아스포라 한인교회 궁극적인 목표는 선교하는 교회이다. 브라질 디아스포라 한인교회가 선교의 주역의 역할을 감당하려면 선교 전략을 세워 성령의 능력과 권세를 가지고 가서 제자 삼으라 명령하신 선교의 대 사령관 되시는 주님의 분부를 받들어 분부한 모든 것을 가르쳐 지켜나가야 할 것이다.

　브라질 디아스포라 한인교회는 타 문화권 선교에 대한 경험 부족과 무지로 인하여 엄청난 시행착오를 겪고 있는데 그 이유가 선교 정책과 전략 없는 선교를 하기 때문이다. 그러나 감사한 것은 브라질 디아스포라 한인교회는 좋은 선배들이 성경에 계시된 바울의 선교를 따라 선교하고 있다는 점이다. 그동안 우리는 좋은 롤모델 선배들에게 너무 관심이 없었기 때문에 감추어진 보화를 끄집어내어 활용하지 못했다. 필자는 남미크리스챤신문 지면을 통해 선배들의 사역을 알리면서 공유하기를 바라고 있다.

　브라질 디아스포라 한인교회는 선교 전략과 정책을 세우고 선교를 해야 된다. 그리고 선교 전략을 세울 때 잊지 않아야 할 전략은 선교의 주체가 되신 성령의 지도와 인도 즉 성령의 역사를 위해 반드시 기도전략을 세워야 할 것이고, 성육신하셔서 우리와 함께 거하면서 마지막 분부하신 지상명령을 수행하기 위해서 함께함의 전략을 세워야 할 것이다. 그리고 다양한 문화와 빠르게 변화하는 세대 속에서 1.5세 2세대 및 다음 세대들이 살아갈 세상을 위해 준비해야 할 것이며 잘 적응해 나가면서 복음을 전할 수 있는 처할 줄 아는 전략을 연구 개발하여야 할 것이다. 무엇보다도 중요한 것은 하나님께서 주신 꿈과 비전을 가진 선교 전략을 세우기 위해 깨어있는 영성으로 하나님께 나아가야 할 것이다.

다음 연구를 위한 제안

 브라질 디아스포라 한인교회들의 선교 훈련 프로그램을 개발하고 활용할 수 있는 선교 정책 기구를 설치하여 전략을 가진 선교를 할 것을 제안한다. 브라질 전체 지도를 펼치고 지역마다 거점을 확보하고 전 브라질 복음화 운동을 펼치되 브라질 현지 교단과 선교단체들과 현지인 교회들과 협력 선교를 할 것을 제안한다. 교포 목회자와 작은 교회의 갭을 없애고 교포 교회 목회자와 선교사가 친밀한 관계를 가지고 함께 선교 프로젝트를 세우므로 중복 투자를 줄이고 뚜렷한 정책과 전략을 가지고 선교하기를 제안한다. 전 세계에 있는 디아스포라 한인교회들이 서로 정보를 교환할 수 있는 인프라를 구축하고 미래지향적인 선교를 할 것을 제안한다. 초기 브라질 디아스포라 한인교회 및 선교사들의 역사를 학문적으로 잘 정리하고 그들의 업적을 잘 보존하여 후배 선교사들이 함께 공유할 수 있기를 제안한다.

브라질 디아스포라 한인 1세대와 2세대가 **함께** 풀어 나가야 할 문제

 브라질 디아스포라 한인 선교에도 이제 세대교체의 바람이 불고 있다. 50여 년 전에 이민 1세대들이 고생하면서 천국 복음을 전파하고, 예배당을 세우고, 가르치며, 모든 병과 모든 약한 것을 고치면서 1세대 선교사들은 혼신을 다하여 사역을 감당했고 놀라운 업적을 이룩했다. 이제는 이렇게 큰 업적을 이룩한 1세대 선교사들의 사역을 어떻게 계승하고 발전시켜 나갈 것인가가 생각하고 고민하여야 할 때이다. 이 일을 위해서는 1세대와 2세대의 모든 선교사들이 함께 문제를 풀어나가야 된다고 생각한다.

 1세대 선교사의 입장에서 생각해야 할 문제는 어떻게 잘 "내려놓아야" 할까이며, 반면에 2세대 선교사들은 맡겨진 사역과 천국 복음 사업을 맡은 "청지기적 사명"을 어떻게 잘 감당할 것인지를 생각해야 한다. 필자의 바람은 1세대 선교사들의 선교 노하우가 사장됨 없이 계속 2세대 선교사들에게 이어져가는 계기가 될 뿐 아니라 세대 간의 조화를 바탕으로 아름다운 계승을 함으로 브라질을 비롯한 중남미에 하나님의 나라가 왕성하게 확장되어 갈 간절히 바란다.

1세대 선교사와 1.5~2세대 선교사(통칭하여 2세대)의 관계 속에서 보이는 "세대 간의 긴장"은 어느 조직이건 세대가 교체하는 시기에 일반적으로 나타나는 현상이라고 볼 수 있다. 지난 세대의 문화 코드에 익숙하고 변화보다는 안정을 추구하는 1세대와 새로운 문화 코드로 무장하고 변화에 민감하게 반응하는 2세대가 함께 동시대를 공유한다는 것은 결코 쉬운 일이 아니다.

　브라질 선교사의 경우를 든다면 장승호(일명 미다할아버지) 평신도 선교사와 반공 포로 출신인 강희동 목사, 이준희 목사, 문명철 목사, 백영훈 평신도 선교사를 포함한 초기 선교사 김계용 선교사, 황문규 선교사, 박광자 선교사, 한성욱 선교사, 양승만 선교사, 김성준 선교사, 김승만 목사는 1964년부터 1980년까지 교포 교회를 섬기며 브라질 선교의 환경을 조성하였다. 그 후 1980년 초기에 들어온 박재호 목사, 강성철 선교사, 강성일 선교사, 홍순표 목사를 이어 온 1세 선교사들이 브라질 선교의 기틀을 다져 오던 가운데 세월이 30여 년이 흘러 이제는 이들이 서서히 은퇴하기 시작하면서 벌어진 공백이 2세대 선교사들로 채워지는 과정에 있다고 말할 수 있다.

　이제 선교 리더십을 이양하고 30여 년간 군림하던 자리를 떠나야 하는 1세대 선교사들에게 무엇보다 필요한 것은 내려놓음(?)의 결단이다. 그리고 1세들의 사역을 받아 감당해야 할 2세대 선교사들에게 가장 중요한 일은 청지기적 사명감이다.

우리는 성경을 통해서 세대의 계승과 관련된 다양한 예를 접하게 된다. 그중에서 성전을 건축하고 부국강병을 이룬 솔로몬이 죽고 난 후에 그를 계승한 르호보암의 이야기는 선교 사역 계승의 시기에 있는 우리들에게 주는 하나님의 지혜로운 가르침이 아닌가 싶다. 르호보암을 통해서 배우게 되는 것은 바로 2세대 리더십도 1세대 리더십만큼이나 탁월하고 지혜로워야 한다는 것이다. 르호보암은 나라의 운명이 걸린 중대한 결정을 앞두고 1세대(솔로몬의 신하들)와 2세대(자신의 동료들)로 나누어진 두 부류 신하들의 조언을 듣게 된다. 확실히 르호보암에게는 경험과 노하우가 풍부하지만 신선하지 않은 구세대 신하들의 조언보다 자신감과 패기가 넘치는 신세대의 조언이 훨씬 더 매력적인 것으로 보였을 것이다. 결국 신세대의 조언에 따른 르호보암은 그 결정이 화근이 되어 남북으로 나뉜 반쪽짜리 이스라엘의 왕이 될 수밖에 없었다. 비록 성경은 이 모든 일이 솔로몬의 죄로 인한 결과라고 말하지만(참고: 왕상 12:15), 그 과정에서 2세대로 대변될 수 있는 르호보암의 어리석은 선택도 이런 결과를 가져왔던 중요한 요인이었다는 사실을 안다면 현재 선교 리더십이 교체되는 시기에 있는 브라질 선교는 2세대 선교사의 중요성을 다시 한번 실감할 수 있는 예라고 할 수 있다.

지금 브라질을 비롯한 중남미의 선교지에 불고 있는 세대교체의 바람은 앞으로 더욱 거세질 것으로 보인다. 이러한 가운데에서 우리의 당면 과제는 1세대 선교사들의 선교 리더십을 어떻게 2세대 선교사 또는 현지인 사역자들에게 이양하느냐에 대한 방법론적인 질문들과 또한 이를 순조롭게 진행하기 위해서 필요한 하나님의 지혜이다.

비록 힘들지라도 이러한 문제점들을 솔직하게 논의함으로써 디아스포라 한인 1세대 선교사들이 이룩한 선교 업적을 계승 발전시킬 수 있는 기틀을 마련해야 한다. 한 가지 특이한 사실은 브라질의 2세대 선교사들의 성격인데, 중미의 경우에는 한국이나 미국에서 파송된 2세대 선교사들이 그 자리를 대체한다면, 남미 지역을 포함한 브라질에서는 현지 교민 출신 1.5 혹은 2세대 선교사들이 그 자리를 대체한다는 것이다. 브라질에서 일어나고 있는 이민지 출신의 2세대 선교사들이 일어나는 것은 선교학적으로 볼 때 상당히 의미있는 세대교체의 움직임이 아닐까? 이민지에 뿌리를 둔 2세대 선교사들은 한국이나 미국에서 파송되어 개척한 1세대와는 달리 현지의 언어와 문화, 풍습에 익숙하고, 문화적 충격이나 선교사 적응의 기간 없이 곧바로 선교 사역에 투입될 수 있다는 장점이 있다. 게다가 디아스포라 한인 2세들은 이미 브라질 사회와 문화적인 상황 속에서 사역하는 1세대 선교사들의 사역에 크든 작든 어떤 형태로든지 동참했던 경험들이 있기에, 1세대 선교사들의 사역 노하우를 배울 수 있는 기회가 있었다. 이러한 브라질 선교의 리더십 교체에 있어서 브라질 2세대 선교사들이 상황적인 배경을 염두에 두고 아르헨티나 최주호 목사가 1세대 선교사들과 2세대 선교사들의 차이를 보여주는 다음 도표(126p)를 참고해 보자;

  1세대 선교사들의 특징은 현지에 이민 온 이민 1세대와 비슷하다. 현지에 도착한 초창기 이민자들이 언어적 장애와 문화적 장벽을 이겨내고 자수성가했듯이 1세대 선교사들은 온갖 장애물을 극복하고 사역에 열매를 맺었다. 그렇기에 1세대 선교의 특징은 '생존을 위한 사역'이라고 보는 것이 맞을 듯하다. 마치 사도행전에 등장하는 사도 바울의 선

특징	1세대 선교사	1.5/ 2세대 선교사
문화적	한국	현지(혹은 현지화된 한국적)
사상적	모더니즘	포스트 모더니즘
성품적	공동체적	개인적
영성적	개척자/게릴라/머슴 영성	주둔군/교사 영성
사역적	섬김의 사역 중심	가르치는 사역 중심
언어	한국어	현지어 및 한국어
자질	올라운드 플레이어	전문 사역자
사역의 중심	사역 우선	가정과 사역
소통방법	일방 소통	쌍방 소통
관계	수직적	수평적
기기 사용	대부분 아날로그 (최소한의 필요로만 디지털 사용)	디지털적 (SNS, 인터넷 멀티 미디어 사용)
후원	교단과 선교회 한국의 모교회	교단과 선교회 현지 교민 교회

교 여행을 통해서 보았던 그런 사역과 비슷한 양상이다. 1 세대 선교사들은 오직 성령의 능력으로 충만하여 선교적 열정으로 현실과 싸우면서 아름다운 사역의 열매를 일구어냈다. 현재 1세대 선교사들이 브라질에서 이룩한 사역들을 보면 유치원을 비롯한 초/중/고등학교 등을 설립, 운영하는 교육 선교, 현지인 교회를 개척하여 지교회를 확장하고 신학교 등을 세우는 교회 개척 선교, 고아원이나 양로원 빈민들을 구제를 바탕으로 하는NGO 선교, 현지인 목회자들을 가르치고 연구하는 목회자 훈련 선교 등으로 활동을 하고 있다. 하지만 시대가 바뀌면서 이제는 1세대 선교사들이 했던 사역을 조심스럽게 진단하고 연구 검토해 볼 필요성이 생겼다.

첫째로, 1세대 선교사들과 현지인들의 사역 관계는 주로 상하 혹은 주종 관계로 이루어졌다. 그러한 사역이 이루어진 데에는 충분한 이유가 있었다. 하지만 이제는 브라질에 있는 현지인 교회들도 급속하게 성장하였고 현지인 교회의 젊은 리더십 그룹이 일어나게 되면서 기존에 선교사가 가졌던 선교의 상하 관계 패러다임이 지속되기가 힘든 시대가 왔다. 상하 관계가 아닌 동반자적 관계 속에서 선교의 장을 넓혀가는 것도 새롭게 보아야 할 부분이 아닐까?

둘째로, 1세대 선교사들의 사역 중심에는 건축이 있었다고 해도 과언이 아닐 것이다. 땅을 구입하여 학교를 짓고, 교회를 세우고, 선교 센터를 짓고, 우물을 파주고… 일반적으로 사역의 초기에 일어날 수 있는 형태의 사역이라고 말할 수 있다. 문제는 이렇게 기존의 펼쳐 놓은 사역들을 정리하고 심화시킬 필요성이 있다는 것인데, 개척 선교사 자신이 이 문제를 감당하기에는 여러 부분에서 역부족일 수 있다. 이런 의미에서 본다면 유수의 선교 단체들이 지향하는 팀 선교(WEC/SIM/OMF/JUCUM 등)나 전문인 평신도 선교사 파송 등의 방법도 고려해 볼 만한 시기가 왔다.

셋째로, 한국이나 미국의 한인교회들을 모교회로 의존하는 1세대 선교사들에게는 한국교회 성장의 멈춤이나 약화가 큰 문제로 대두되었다. 특별히 학교 사역이나 선교 센터의 사역에는 튼튼한 재정 후원이 필수적인데 전반적인 선교 후원의 감소로 인해서 그 규모를 축소해야 하는 지경에 이른 선교지도 생겨나고 있다. 심한 경우에는 모교회의 선교 후원에 문제가 생겨서 현지에서 사역하던 선교사들을 조기 귀국시키는 사례까지도 생기는 실정이다. 이런 어려움 속에서 1세대 선교사들은 선교지를 든든하게 세울 수 있는 하나님의 지혜를 받아야 할 것이다.

　1세대 선교사들이 힘들게 사역을 시작하고 터를 세웠다면 2세대 선교사들은 상대적으로 덜 어려운 상황 속에서 사역을 시작하게 된다. 브라질의 경우에는 2세대 선교사들 중에서 교민 출신들은 언어, 문화적으로 이미 현지에 적응되었기에 선교 사역에 대해서 준비 기간이 필요치 않다는 장점이 있다. 대부분의 1세대 선교사들은 현지 언어와 문화의 적응을 위해 적게는 2년에서 많게는 5-6년 정도의 시간이 걸리는 데 반해서 2세대 선교사들은 곧바로 사역에 참여할 수 있는 강점이 있다. 게다가 2세대 선교사들은 언어의 장벽이 없기에 현지에서의 신학 교육이 가능하다는 장점도 있다. 현지의 신학교에서 공부함으로 인해서 현지의 교회들과 자연스럽게 연관성을 가질 수 있고 목회자들과의 친분도 쌓을 수 있는 이점이 있다. 그뿐만 아니라 교민들의 경우에는 현지인 신학교를 졸업 후, 한국이나 미국으로의 제3국 유학을 통해서 심도 있는 신학 교육을 받을 기회들이 있을 수 있습니다. 또한 선교 현장에서 운영되는 미국이나 한국 유수의 신학교들과 연계하는 선교사 재교육 및 연장 교육 프로그램들도 언어적으로 별 어려움을 느끼지 않는 2세대 선교사들에게는 좋은 기회가 아닐까?

2세대 선교사들은 1세대 선교사들에 비해서 사역에 있어서의 유리한 부분도 있지만 반대로 1세대 선교사들에 비해서 부족한 점도 발견된다.

　첫째로, 영성과 헌신의 측면에서 2세대 선교사들은 1세대 선교사들에 비해서 부족하게 느껴진다. 이는 1세대 선교사들이 사역했던 시대가 초창기 개척의 시대에 있던 이유도 있겠지만 그보다는 경제적으로 더 풍족해진 시대를 살았던 2세대 선교사들의 일반적인 경향도 있을 것이다. 하지만 선교지는 언제나 영적 전쟁터이고 이런 곳에서 살아남으려면 선교사에게는 전투적인 영성이 강력하게 요구된다. 사역만을 위해서 달려왔던 1세대 선교사들과는 달리 문화적인 정황상 가정 중심의 시대에 살고 있는 2세 선교사들은 사역과 가정이라는 두 마리 토끼를 함께 잡으려는 딜레마에 빠질 때가 있다.

　둘째로, 2세대 선교사들의 선교 비전과 사역이 축소되어가고 있다는 우려도 있다. 1세대 선교사들은 말 그대로 "선교"라는 이름에 걸맞게 다양한 사역들(교회 개척, 제자 삼기, NGO, 학원 사역, 목회자 세미나, 부흥회)을 강력하게 펼쳤지만, 많은 2세대 선교사들은 전문 사역자라는 사상을 가지고 한 가지에 집중하는 모습이 보인다. 전문성을 가지고 심도 있는 사역을 한다는 것에는 이해할만하지만, 성장하는 하나님 나라의 관점과는 반대의 길을 가고 있는 것은 아닐까라는 우려의 목소리가 있다. 전문적인 사역은 하되, 구체적으로 사역을 어떻게 성장시켜 나갈 것인가에 대한 청사진을 가지고 사역하는 것이 의미 있는 사역의 접근이 아닐까?

앞으로 계속하여 연구해야 할 과제들

1세대 선교사와 2세대 선교사들의 리더십 교체 시기에 발생할 수 있는 문제와 갈등을 최소화하고 협력을 통하여 새로운 부흥을 가져올 수 있는 방법에 대해서는 계속하여 연구해야 된다.

질문 1. 1세대 선교사가 사역을 이양하면서 내려 놓고 준비해야 할 부분은 무엇인가?

선교사의 계승 문제를 말할 때마다 보아야 할 중요한 이슈는 바로 선교지의 방대한 사역과 재산권에 대한 이양의 문제이다. 이미 성장해 놓은 사역을 감당하는 것은 결코 쉬운 일은 아니다. 또한 이러한 방대한 사역을 감당할 수 유능한 2세대 선교사의 영입은 더욱더 힘든 숙제이다. 유능한 2세대 선교사란 적어도 현지어, 현지문화, 현지의 법 규정 상황에 능통할 뿐만 아니라 성품적으로 선한 청지기적 사고를 가진 선교사를 말한다. 하지만 이런 준비된 후임자를 찾는 것은 마치 한국의 대형 교회의 후임자를 찾는 것만큼이나 어려운 작업이다. 필자가 2004년 함께 일하던 동역자에게 교포 교회 사역을 이양하고 현지인 사역에 집중하다가 2012년 양육된 현지인 사역자에게 또다시 사역을 이양하면서 깊이 깨달은 것은 1세대 선교사들이 사역의 마지막 단계가 아닌 초기부터 신경 써야 할 부분이 바로 이 부분이라는 점이다. 1세대 선교사들에게 조언할 수 있는 몇 가지 방법은 다음과 같다.

1) 현지인 성도 중에서 미래의 지도자감을 선택한 후에 제자훈련 시키고 사역을 위임한다.
2) 교단 내의 교민 교회와 연계하여 1세대 선교사의 이임 이후의 리더십 문제를 해결한다.
3) 아주 특별한 상황이겠지만 선교사의 자녀에게 사역을 계승한다
   (예: 토레이 신부님의 예수원 사역 계승, 아르헨티나 하나님의 성회 신학교(IBRP) 학장인 로키 그람스의 경우, 브라질의 양승만 선교사와 김승만 선교사의 신학교 사역과 일반 학교 사역)
4) 한국이나 미국에서 경험이 풍부하고 사역의 노하우를 아는 은퇴 목사님들의 제2의 사역지로서 선교지를 생각해 본다.

질문 2. 2세대 선교사가 배워야 할 1세대 선교사들의 선교 노하우는 어떤 것들인가?

1세대 선교사들에게 배울 수 있는 사역 노하우를 소개한다. 하나님께로부터 선교 비전을 받고 말씀에 순종하는 믿음 선교. 디아스포라 1세 선교사들의 선교는 대책이 없는 선교, 도무지 계산할 수 없는 비합리적인 것들의 선교라 할 수 있다. 먼저 기획하고 선교 예산을 확보하고 많은 회의를 거쳐 진행하는 선교가 아니다. 선교비 약속도 없이, 건축의 경험도 없이, 지역을 둘러보고 하나님께서 여기에 교회를 세우라, 이곳에는 학교를 세우라, 이곳 중앙에 다목적 선교 센터를 세우라 하시는지 하나님께 묻고 기도 응답을 받고 꿈과 비전이 생기면 먼저 선포하고, 구하고, 찾고, 문을 두드리면서 더러는 여리고 성을 돌듯이 선정한 장소를 돌았

다. 그러면서 자신과 관계를 맺은 교회, 가족, 선후배, 신문사 등을 쫓아다니며 선교적 비전을 나누고, 다양한 경험을 듣고 필요한 일꾼들과 관계를 맺었다. 그렇게 복표 지향적인 활동을 하는 가운데 교회를 세우고, 땅을 구입하고, 선교 센터와 학교 등을 건립하게 되었다. 이것은 선교에 있어서 네트워크의 중요성이 얼마나 중요한지를 보여준다. 방대한 양의 땅을 구입하고 건물을 짓는 문제는 결코 쉽지 않다.

비전만 가졌다고 이루어지는 것이 아니라 선교사의 개인적인 네트워크 역량이 함께 어우러질 때 가능한 것이다. 특별히 교회를 건축하고 학교를 세우고 운영하는 문제는 재정적인 측면이 강하기 때문에 한국의 교단과 모교회 그리고 개인적인 관계를 통한 후원에 있어서 탁월한 역량을 발휘해야 한다. 구체적인 실현을 위해서 하나님께 받은 선교적 비전은 반드시 이루어신다는 믿음이 있어야 한다. 디아스포라 한인 1세 선교사들의 믿음 선교와 개인적 네트워크의 방법과 역량 문제는 2세대 선교사가 꼭 배워야 할 점이 아닐까 싶다.

질문 3. 전 세계에 불고 있는 새로운 문화적 현상들(SNS, 유튜브, 한류 등)과 글로벌 경제 위기, 지구 온난화 인한 자연재해 등으로 얼룩진 급변하는 세상 속에서 사역해야 하는 2세대 선교사들에게 들려주고 싶은 1세대 선교사들의 조언은 무엇인가?

얼마 전 모 언론이 연속으로 다룬 한국 남자들의 수난 시대를 다루면서 연령적으로 분류한 것을 보았다.

* **20대 - 답이 없다** : 취업 대난을 두고 한 말인 듯싶다. 좋은 학교를 나와도, 어려운 언어를 정복했어도, 학위를 취득해도, 성형을 해도 취업할 수 없는 20대의 수난을 빗대어 답이 없다는 표현인 듯

* **30대 - 집이 없다** : 결혼을 하고 싶어도 집 구입은커녕 전세를 얻기도 힘든 한국의 실정을 둔 표현인 듯

* **40대 - 내가 없다** : 직장에서 치이고, 모계 사회가 된 가정에서 치이는 나는 누구인가? 자존감이 인정되지 않는 모순적인 사회구조를 뜻한 듯

* **50대 - 일이 없다** : 명퇴로 말미암아 설 자리가 없는 실직자의 아픔을 표현한 듯

* **60대 - 낙이 없다** : 모든 것이 품 밖으로 빠져나가 힘이 없으니 사는 재미가 없다는 표현인 듯

이것이 사실이라면 참으로 남자들은 억울할 것 같다. 어떻게 세상이 변해도 이렇게 변했을까? 세상은 좋아졌다 하는데 사람들의 마음은 점점 더 쓸쓸해지고 있다. 복음은 세월이 달라져도 변치 않는 원칙이 있다. 스카이 제시니 목사가 쓴 "하나님을 팝니다"라는 책에는 윌로우크릭 교회에서 2004년에 있었던 이야기를 기록하고 있다.

> 우리는 사람들이 참여할 만한 많은 프로그램과 예배를 만들었습니다. 우리는 하나님에게서 멀어진 사람들을 이러한 활동에 참여시키려고 노력했습니다. 참여 빈도가 높은 활동에 꾸준히 참여하는 사람이 많아진다면 이들이 그리스도의 제자가 되리라 확신합니다… 하지만 윌로우 크릭 교회와 지교회를 출석하는 15000명을 조사한 결과 "아니오"라는 답이 나왔습니다. 그들은 말하기를 "아무리 프로그램 참여도가 증가해도 사람들이 그리스도의 제자가 되어간다고 말할 수 없습니다. 그들이 하나님과 이웃을 더욱 사랑한다고 말할 수도 없습니

다" 결국 빌 하이벨스 목사는 많은 돈을 들여서 만들었던 프로그램이 실패로 돌아갔다는 사실에 경악했고 사람들의 성장에 필요한 것들은 돈이나 인원을 들이지 않는 것들이라는 사실을 인정합니다… 중략… 연구에 밝혀진 바에 의하면 사람들의 영적 성장에 가장 영향을 준 요인은 개인적인 성경 읽기, 기도와 묵상, 친구나 멘토와 맺은 의미 있는 관계, 다른 사람을 위한 봉사라고 대답했습니다.

질문 4. "개척민이 정착민이 되면 그 순간 수단이 목적으로 변한다"(웨인 코데로이) 1세대 선교사들에게는 선교지가 생존이 걸려있는 영적 전쟁터였지만, 2세대 선교사들에게는 선교지가 일하고 그 대가를 받는 일터(?)의 개념으로 바뀐 것은 아닐까? 1세대 선교사들에게서 보였던 헌신과 야성을 2세대 선교사들이 사역에 어떻게 지속적으로 이어갈 수 있을까?

자주 인용되는 시어도르 웨델 박사의 이야기는 이 주제를 설명하는 좋은 예라고 생각한다. 다음과 같이 요약해 볼 수 있다.

종종 파선 사고가 발생하는 위험한 해안가에 작은 구조대가 있었습니다. 이들은 오두막에 불과한 건물과 배 한 척이 전부였지만 헌신적으로 자신들이 해야 할 난파된 사람들을 구하는 일을 감당합니다. 이제 구출된 사람들과 마을 사람들이 관심을 보이기 시작하자 구조대원의 숫자가 늘어납니다. 그런데 그중에 어떤 구조 대원들이 낡은 건물에 대해서 불평하기 시작합니다. 바다에서 구조된 사람들에게 안정을 취할 수 있도록 건물을 넓히고 침대를 바꾸고 좋은 가구도 들여놓습니다. 장소가 좋아지자 구조 대원들이 즐겨 모이는 장소가 되었습니다. 그러자 내부 구조는 점점 더 클럽처럼 변해 갔고 이제 구조 임무에는 더 이상 관심이 없어지자 구조선에 탈 사람들을 따로 채용하게 됩니다. 그러던 중 대형 선박이 파선하게 되자 그들을 구조하는데 문제는 구조된 사람들이 지저분하고 몸 상태가 좋지 않자 클럽 밖에 샤워 시설을 만들어 이들에게 먼저 샤워를 시키고 난 후에 잘 정돈된 클럽에 들어오도록 합니다. 그리고 난 다음에 열린 회의에서는 클럽의 사교 활동에 구조 활동이 방해만 된다고 생각한 다수의 사람들이 이제 구조 활동을 그만두자고 주장합니다. 몇몇 사람들이 아직도 이 클럽의 이름이 구조대라는 사실을 상기시키면서 구조 업무를 해야 한다고 주장하지만 결국 투표를 통해서 구조대를 하고 싶은 사람들은 클럽을 떠나라는 결정이 내려집니다. 그래서 구조를 원하는 사람들은 떠나서 새로운 구조대를 결성하고 나머지 사람들은 구조대 클럽에서 사교 모임을 갖게 됩니다. 그런데 이 새롭게 된 구조대도 역시 세월이 흐르자 똑같이 사교 클럽으로 변하게 됩니다. 오늘날 이 지역에 가면 해안가를 따라 세워진 수많은 사교 클럽을 발견할 수 있습니다. 그리고 그곳에서는 여전히 빈번한 파선 사고로 많은 사람이 익사합니다.

참고 문헌

1. 제시니, 스카이. 『하나님을 팝니다』 이대은(역). 서울 : 죠이선교회, 2013.
2. 코데로이, 웨인. 『세상을 가슴 뛰게 할 교회』. 장택수(역). 서울 : 예수 전도단, 2011.

Ⅲ. 도시 빈민

가난과 선교
-상파울루 도시 빈민을 중심으로

1982년 파송받아 브라질 땅에 도착하여 지금까지 섬기던 모든 일 중 가장 많은 시간을 드린 일은 가난한 사람들, 도시 빈민을 대상으로 한 사역이었다. 브라질에서 '도시 빈민'은 도시 거주민으로서, 저소득 또는 빈곤 상태에 처한 가난한 사람들 곧 노숙자, 걸인과 같은 사람들을 가리킨다. 그리고 이들이 집중적으로 거주하는 인구 과밀 지역을 '슬럼'이라고 부른다. 브라질 빈민을 다음과 같이 나누어 볼 수 있다.

가난한 자(pobre)

브라질에서 음식, 옷, 그리고 거처와 같이 필요한 물건이 없는 사람 즉 돈이 없어서 사람들이 기본적으로 갖추어야 할 것을 갖지 못해 불편하게 사는 사람들이 모여 사는 곳을 '파벨라(favela)'라 부른다. 상파울루, 리우데자네이루를 비롯한 브라질 대도시 외곽 지대에 자리잡은 일명 무허가 판자촌이다. 대부분의 파벨라는 주거, 환경, 치안이 불안하고 총기 사고가 자주 발생한다. 브라질의 치안 문제가 불안한 것은 총기 자유화에 있다고 볼 수 있다. 통계청 보고에 의하면, 브라질이 보유하고 있는 화력은 1800만기가 넘는다. 이중 경찰과 군이 보유하고 있는 무기는 180만기이며, 나머지 1620만기는 민간인이 소유하고 있는 것으로 파악

된다. 문제는 민간인 소유의 무기 중 단 300만기만 정식 등록되어 있고, 나머지 1320만기는 등록은 물론 출처가 불분명한 불법 무기로 추정된다. 불법 무기 대부분은 마약, 갱단 등 범죄 집단이 강력한 화력을 소지하는 데 일조하고 있다. 브라질에 최대 관광 도시인 리우데자네이루에서는 불법 범죄 집단이 보유하고 있는 화력이 치안을 담당하고 있는 군경보다 더 현대식 무기이며, 화력이 높아 큰 문제가 되고 있다. 일례로, 언덕마다 즐비한 파벨라에 마약 판매권을 두고 두 범죄 집단 사이에 전투가 벌어지면 시민의 안전을 위해 군경이 출동해야 맞지만, 시민 안정은커녕 두 집단의 표적이 되기 때문에 섣불리 다가서지 못한다고 한다.

 브라질은 우리가 상상하는 것보다 빈부 격차가 심하다. 상대적으로 가난한 사람은 삶의 질 수준이 낮긴 하지만 그렇다고 행복지수가 낮은 것은 아니다. 브라질은 대도시 외곽 지대만 빈민이 있는 것이 아니라 브라질 전역에 억압과 착취로부터 온 가난한 자들이 있다. 이들은 문화적, 경제적, 사회적, 정치적인 구조 속에 노예와 같이 살고 있다. 사회 구조적인 제약으로 오늘날에도 가난의 굴레를 벗어나지 못하고 있다.

노숙자(Morador de rua)

 노숙자는 사전적 의미로 이슬을 맞으며 자는 사람을 의미하지만 주로 경제적 빈곤으로 주거지가 없어 공원, 길거리, 지하철역, 다리 밑, 대합실 등 생활 환경이 제일 나쁘고 위험한 상태 속에 방치되어 위험과 공포 분위기 속에서 생활하는 사람을 가리킨다. 브라질의 노숙자는 처음부터 노숙자였던 것은 아니다. 대부분의 노숙자들은 동북부 지역 마라룡(Maranhão) 페루남부꼬, 바이아주 등 9개 주에 기후의 변화로 다년간 비가 오지 않아 가뭄으로 농지가 사막화돼 농사를 더 이상 지을 수 없어 도시로 이동한 사람들이다. 일자리를 찾지 못해 돈이 없어 숙소를 마련하지 못해 노숙자가 된 것이다. 매일 인력 시장에 나가 일을 구하면서 하루하루 살아가고 있다. 그런데 이들 대부분이 혼혈인들인 것을 볼 수 있다.

 브라질은 중국, 인도, 미국, 인도네시아 다음으로 2억 명이 넘는 노동력이 큰 나라이다. 인구 구성 측면에서 보면 브라질은 세계화가 진전된 나라이다. 1500년 포르투갈어의 탐험가 카브랄에 의해 발견된 이후 포르투갈인들과 인디오 원주민 사이에서 메스티소라는 혼혈종이 탄생했다. 그리고 나중에 들어온 포르투갈인은 노예로 팔려 들어온 아프리카인과의 사이에서 물라토라는 다른 혼혈종이 나왔고, 인디오 원주민 외에 백인, 메스티소 혼혈인, 물라토 혼혈인, 그리고 흑인 등으로 크게 인종 구성이 세계화된 나라이다. 노숙자들 대부분은 동북부에서 내려온 혼혈족들이다.

 브라질은 빈부 격차가 심한 나라로 잘사는 사람은 미국과 유럽의 상류층 못지않게 잘살고 있다. 산속에 별장이 있고, 해변에 요트가 드나드는 고급 아파트가 있으며 식구별로 외제 차를 타고 다니며, 해마다 국내 여행 두 번 이상, 해외여행 한 번은 갈 수 있는 형편이 되는 이들이 상류층이다. 반면에 하위 그룹은 방글라데시의 빈곤층보다 더 못사는 사람들이 많다. 길거리를 보면 흔히 쓰레기통에서 먹을 것을 찾는 사람들을 볼 수 있는데, 이들이 하위 그룹이다. 노숙자들 가운데 이에 해당되는 사람들이 점점 늘고 있다. 배고픈 사람에게는 빵이 급하고, 목마른 사람에게는 물이 더 시급하다. 추워서 떠는 사람에게 의복이 필요하고, 병든 자에게 약이 더 급하다. 배고픈 자, 목마른 자, 추워서 떠는 자, 병든 자를 앞혀놓고 "예수 믿고 구원을 받으라"고 백번 말하는 것보다 노숙자들이 필요한 것을 먼저 주어야 하지 않을까? 도시 빈민 사역은 이런 것이다.

걸인(Mendigo)

남에게 빌어먹고 사는 사람, 매우 궁핍한 사람, 춥고, 배고프고, 외로운 사람을 보통 걸인이라고 한다. 쓰레기와 채소 조각들이 널브러져 있는 지저분한 고가도로 밑 훼라(오전 6시부터 오후 1시까지 차로를 막고 반짝 서는 시장)가 서는 보아스노바스교회 입구 곳곳에는 모포를 깔고 누워 잠을 청하는 걸인들이 많다. 심지어 몸도 채 가눌 수 없는 어린아이들을 끌어안은 채 피곤함에 지쳐 있는 나이 어린 어머니도 있다. 술에 취해 중얼거리는 사람, 길 가는 사람에게 손을 내밀어 동전을 달라며 구걸하는 사람들도 쉽게 볼 수 있다. 단골 걸인 세자르는 길거리에 폐품을 주우러 다니는데, 들개가 따르며 친근하게 굴어서 친구 삼아 먹을 것 나누어 먹고 함께 잠을 자니 따뜻하고 외부 침입자로부터 신변 보호까지 해주니 참 좋았다고 했다. 그런데 한 마리가 두 마리 되더니 이제 네 마리가 되었다. 이들 모두 보아스노바스교회 교인들이다.

이들은 매주 예배에 참석하고 커피와 빵으로 허기진 배를 채운다. 8시부터 10시까지 드리는 예배에 참석한 저들은 한 사람도 자리를 뜨지 않은 채 힘차고 열정적인 찬양을 한다. 오랜 시간 손을 들거나 가슴에 손을 모으거나 눈물을 글썽이며 찬양과 말씀을 경청하는 모습은 감성적이고 낙천적인 브라질 사람들의 성격을 보여 준다.

가난한 사람과 선교

세상 어디에나 가난한 자들은 우리 가까이 살고 있다. 가난하게 된 이유는 일일이 열거할 수 없이 다양하겠지만, 분명한 것은 우리 주변에는 이렇게 가난한 자들이 많다는 거다. 왜 우리 눈앞에 가난한 사람들이 있을까? 왜 그들이 보일까?

1. 선행을 할 수 있는 방편이 된다.

선교는 선행을 병행하지 않으면 할 수 없다. 에벤에셀교회를 개척하자마자 코로나19 바이러스가 삽시간에 번졌다. 브라질은 코로나 확진자 중 사망자가 하루에 2천 명이 넘는다. 이 상황에서 교회가 마스크를 전달하고 기본 식료품을 제공하는 도움의 손길을 펼치자, 교회가 하나님과 사람에게 은총과 귀중히 여김을 받는 것을 경험하고 있다.

성경 마가복음 14장 3-9절에 보면, 순전한 나드 한 옥합을 깨뜨려 예수님의 머리 위에 비싼 향유를 부은 여인에게 이 비싼 향유를 낭비하느냐 이것을 팔면 삼백 데나리온 받을 수 있는데 그 돈이면 가난한 사람들을 도와줄 수 있는데 라고 화를 내는 제자들에게 예수님께서는 저를 괴롭히지 말라 저가 힘을 다하여 내 장사를 미리 준비하였느니라 말씀하시며, 그가 행한 일이 온 천하에 복음과 함께 전파되어 기억하게 될 것이라고 하셨다. 그리고 "가난한 자들은 항상 너희와 함께 있으니 아무 때라도 원하는 대로 도울 수 있다"고 하셨다.

2. 축복의 통로이다.

잠언 19장 17절에 가난한 자를 불쌍히 여기는 것은 여호와께 꾸어 드리는 것이니 그의 선행을 하나님께서 직접 갚아 주신다고 하셨다. 브라질 도심 속에 신호등 앞에 서면 단골로 다가오는 손님이 손을 내밀며 동전을 달라고 한다. 할 수 있는 한, 미리 준비하여 주고 있는 데 그 때마다 듣는 소리가 목사들이 강단에서 하는 "데우스 아벤소에 (Deus Abençoe 하나님의 축복을 빕니다)", "파즈 도 세료르(Paz do Senhor 주님의 평안을)", "꽁 데우스(Com Deus 하나님과 함께하시길)" 이런 축복이다. 갚을 길이 없는 거지들의 기도 소리를 하나님께서 들으시고 대신 갚아 주신다(마 25:31-46). 목사들의 축복이라고 할지라도 진심이 빠진 형식뿐이면 하나님께서 열납하지 않을 수 있겠지만, 가난한 사람들이 도움을 받고 빈 축복은 하나님께서 받으시고 대신 갚아 주신다고 하셨다. 가난한 사람들을 향한 선교는 축복의 통로가 된다.

3. 악의 소굴에서 벗어나게 해야 한다.

찌라덴찌스교회 나오던 한 소년이 마약을 하고 그 후유증으로 사망했다. 또 다른 소년은 감옥에 가게 되어 온 가족이 고통을 당하고 있다. 주변의 청소년들을 보니 아이들 대부분이 홀부모 가정에서 제대로 된 보살핌을 받지 못한 채 자라고 있으며, 극심한 가난 속에서 꿈을 잃어버린 채, 알코올 중독, 마약 중독, 폭력, 도둑질, 문란한 성관계 등을 경험하고 있었다. 가난이 악의 통로가 되어 사회악을 낳고 있는 것을 볼 수 있다. 열악한 환경 속에 살면서 어려서부터 사람들의 관심과 사랑을 받지 못한 사람들, 거절당하기 일쑤여서 인격 성장에 장애를 입은 사람들과 진심을 담아 함께하며 복음을 전파하면, 그들 중에 예수님을 영접하고, 성경을 읽고 배우며, 아버지와 아들과 성령의 이름으로 세례를 받고, 하나님 나라에 소망을 두고, 기독교 세계관을 가지고, 꿈과 비전을 갖게 되는 등 진정한 내적 치유가 일어나고 있다. 가난한 사람들은 자칫 악의 통로가 될 수밖에 없는 환경과 상황이기에 복음이 더 필요하다. 악의 통로에서 벗어날 수 있는 길은 오직 예수! 하나님의 은혜밖에 없다.

4. 가난한 자의 편에 서서 일해야 한다.

가난한 사람 중 병든 자, 장애인, 악에 물든 자, 범죄 집단에 가입된 자, 사기꾼, 창녀, 문맹자 등이 많다. 가난의 굴레 속에, 부모들의 무관심 속에 배울 기회를 갖지 못해 사회적 병리 현상이 일어나 사회악에 물든 자들이 많기에 파벨라는 우범 지대가 되었고 사람들이 꺼리고 있다. 사람도 동네도 소외되고 회피의 대상이 되는 저들에게 먼저 다가가는 것이 선교이다. 그들에게는 도움이 필요하다. 가난한 자들의 목소리를 듣고 가난한 자들에게 전하는 기쁨을 나누어야 한다. 선교는 압제받고 착취당하는 가난한 자의 편에 서야 한다. 가난한 자들과 연대의식을 가지고, 가난을 낳는 사회 부조리에 대한 고발정신을 가지고, 인간의 품위를 떨어뜨리는 비참한 가난에서 벗어날 수 있는 길을 모색해야 한다.

가난과 복음과의 관계

1. 빵과 복음

배고픈 사람에게 우선 먹을 것부터 주어야 복음과 관계를 맺을 수 있다. 브라질에서도 코로나19로 교회 문을 닫도록 조치가 내렸다. 그 가운데 새 신자 한 분이 코로나로 인해 사망했다. 아직 복음을 접하지 못한 채 말이다. 정말 복음이 필요한 시국에 정부 당국의 명령을 쫓아 가만히 있을 수만은 없었다. 철저하게 거리 두기 방역 수칙을 지키며 마스크 착용과 소독을 한 가운데 봉사 차원에서 청년들이 모여 기도하고 각 집을 방문하여 마스크를 전달하고 기본 식품을 나누어 주며 주변 소독을 하면서 복음과 함께 구제와 선행의 손길을 펼쳤다. 온라인 예배와 함께 소수의 봉사자들과는 대면 예배를 드렸다. 방역 수칙을 지키며 복음 전파 활동을 하였다. 쓰던 물건이지만 깨끗이 세탁한 의류, 신발, 식료품, 청소 용품, 장난감 등을 모아 자유롭게 주고받을 수 있게 했다. 그러자 교회에 대한 눈빛이 바뀌고 목회자의 말을 믿어 주고, 귀담아듣고, 함께해 주고 있다. 예수님께서 축사하시고 보리떡 다섯 덩이와 물고기 두 마리로 5천 명을 먹이시고 남게 하신 기적의 역사는 지금도 계속 이어지고 있음을 경험하고 있다. 가난한 사람과 빵을 나누는 일은 선한 일이고 좋은 일이라는 것은 어느 누구도 잘 아는 사실이다.

2. 가난과 정치

가난한 사람의 필요를 채워주는 것이 정치다. 이 사실을 잘 알고 실행한 대표적인 사람이 브라질 35대, 36대 대통령 룰라이다. 루이스 이나시우 룰라 다 시우바(Luiz Inácio Luia da Silva)가 대통령이 되어 시행한 포미제로(Fome Zero)는 브라질에서 가난한 사람들의 굶주림을 끝장내겠다는 목표를 가지고 출발했다. 룰라는 브라질의 세라투(Serato)에서 건조 지역 물탱크 건설, 청소년 임신 반대 운동, 가족 농업 강화, 빈민층에 대한 지원금, 학습 지원 프로그램 보우사 에스콜라(Bolsa Escola) 등을 실시했다. 브라질 빈곤층의 31-35%인 5,492만 명에게 볼사 파밀리아(Bolsa familia)를 실시하여 빈곤층 취학 지원, 음 식 구입 지원, 연료비 지원, 음식 구입 카드 입금제를 실시하여 빈곤층의 절대 지지를 받았다. 대통령 자리를 두 번이나 감당하고 후임자 지우마 호세프에게 성공적으로 정권을 이양했지만, 그 후 부정부패로 인해 수감되면서 정치적 생명을 잃었다. 룰라는 2010년 12월 29일 여론 조사 기관 센수스 이보페가 조사한 바에 의하면, 가난한 사람들을 향한 선행으로 사전 투표에 전 국민 87%의 지지율을 받았지만(상파울루주 지지율은 95%를 넘음) 부정부패 혐의로 12년 1개월 징역형을 받고 대선 출마가 좌절되었다. 가난은 선행을 할 수 있는 방편이 되었지만, 끝까지 초심을 잃지 않고 살기는 어려운 것 같다.

필요에 대한 무관심은 그리스도인이라고 주장하는 사람에게 용납 될 수 없습니다

3. 성경의 교훈은 빈민 선교의 이유를 가르쳐 주고 있다.

'프토코스'는 가난한 사람이라는 뜻으로, 예수님의 산상 수훈 중 "마음이 가난한 자는 복이 있나니 천국이 그들의 것임이요(마 5:3)"에 쓰였다. '프토코스'는 신약 성경에 30번 이상 사용되었다. '프토코스'는 아무것도 없이 가난하게 되어 빌어먹는 거지가 되는 절대적인 가난을 말하지만 '페네스'는 가난하게 되어서 힘들게 일하지 않으면 먹고 살 수 없을 정도의 가난을 말한다. 프토코스의 동사 '프토케우오'는 가난하여 거지가 되다라는(고후 8:9) 뜻이고, 명사 '프토케이어'는 가난(계 2:9) 혹은 구걸함의 뜻을 지닌다.

성경 곳곳에는 가난한 사람들이 나온다. 시 82:3-4은 누구에게 의존해야 할 사람을 뜻하고, 출 22:23-24은 불평등한 경제 구조에서 자신의 기업(땅)을 가지지 못하게 된 가난한 나그네, 과부, 고아를 의미하고 이들에게는 율법이 긍휼을 강조한다(레 19:10). 구약 성경은 가난한 자들의 보호자이신 하나님을 강조하고 있다. 예수님의 삶과 교훈은 언제나 가난한 자들에 대한 관심과 긍휼을 전제로 하고 있다. 옥합을 깨뜨린 여인을 변호하시면서 십자가의 죽음 즉 장사를 위하여 한 것임을 부각시키시며, 가난한 자들과 항상 함께하라고 말씀하셨다.

한 부자 청년에게 "네가 온전하고자 하느냐 가서 네 소유를 팔아 가난한 자들에게 주라 그리하면 하늘에서 보화가 네게 있으리라. 그리고 와서 나를 따르라(마 19:21)"고 하신 말씀은 예수님의 부르심이 가난한 자들과 함께하는 것임을 보여준다. 가난한 과부의 보잘것없는 헌금을 가산을 삼키는 서기관의 외식적인 기도나, 부자의 가식적인 헌금보다 더 낫다(막 12:40-44)고 하셨다. 바리새인과 서기관보다 더 나은 의(마 5:20)라고 하신다. 이렇게 성경의 교훈은 언제나 가난한 자들에 대한 관심과 긍휼을 전제로 한다. 또한 그리스도인이 되는 것은 가진 것을 내려놓고 스스로 가난의 삶을 선택하는 것이다. "부요하신 이로서 너희를 위하여 가난하게 되심은 그의 가난함으로 말미암아 너희를 부요하게 하심이라(고후 8:9)"고 하신 말씀은 왜 선교사가 가난해야 하는지를 설명하고 있으며, 그것이 그리스도의 삶이었고 사도의 삶이었으며 선교사의 삶이라고 하신다(고후 8:9).

바울도 이방 세계에 전도하면서 예루살렘 가난한 자들을 기억해 달라는 사도들의 부탁을 언제나 지켰다(갈 2:10). 예루살렘 교회의 사도들에게 가난한 자들을 위한 이방 교회의 부조를 마지막까지 전하는 바울의 모습은 결코 가난의 문제를 신학적 영적으로만 희석화시키지 않는다. 오히려 바울은 사도라는 사명이 가난을 의미함을 예수 그리스도의 삶의 모습과 연관하여 선포한다.

그리스는 나그네가 신들의 사자일지 모른다며 나그네 대접이라는 도덕적 가치를 중요하게 여기며, 나그네와 가난한 자의 탄원자 보호는 제우스 히케시오1라고 한다. 가난의 영성이 단순히 겸손과 온유라고 종교적 도덕적 의미만을 말하지 않는다. 제자가 되는 것, 그리스도인이 되는 것은 가진 것을 스스로 포기하는 삶을 선택하는 것이라 했다. 그것이 그리스도의 삶이고 사도의 삶이며 선교이다.

빈민 사역

39년 동안 도심 속 가난한 사람들과 섞여 살면서 진행한 선교 사역은 교회 개척, 꼴레지오 디아스포라, 보아스 노바스(걸인교회), 헤칸토 도세(탁아소), 브라질밀알선교단, 알코올 및 마약중독자 재활원(Comunidade Liberdade e Vida Para Viver, 살기 위한 자유와 생명 공동체), 까자 두 메놀(Casa do Menor) 청소년을 위한 기술학교, 소뻐웅(Sopáo) 급식 사역 등을 시행하였다. 가난한 사람들에게 우선적으로 필요한 것들을 제공하면서 복음을 전했다. 그동안 필자가 경험한 선교와 가난에 대해 함께 나누고자 한다.

1. 꼴레지오 디아스포라(colgio Diaspora)

꼴레지오 디아스포라는 1998년 2월 3일 주정부 법인 허가를 받은 기독교 사립 학교이다. 2001년 4월 16일 학교 건물을 Rua Lavapes 474 Cambuci로 옮겨 오늘에 이르렀다. 이 학교는 모든 교육 과정을 포르투갈어로 가르치고 있으며 하나님 사랑, 이웃 사랑, 자연 사랑을 교육 목표로 삼고 브라질에 기독교 문화를 심기 위해 힘쓰고 있다. 동교는 유치원, 쁘레(Pre 초등학교 들어가기 전 2년 준비 과정), 초등학교, 중학교 과정을 두고 있다. 현재 교직원 36명이 240여 명의 학생들을 가르치고 있다. 꼴레지오 디아스포라는 한인교회가 중심으로 시작하였다. 그리세리오 지역에 살고 있는 도시 빈민에게 복음을 전하는 가운데, 어린아이들을 맡아 신앙 교육과 예절 교육 등 인성 교육을 중점 교육을 시키던 해칸토 사베르 탁아소 수료생을 둔 학부형들의 간절한 요청에 의해 세워진 학교로, 한국인이 세워 브라질 교육부로부터 정식 법인 허가를 받은 학교이다.

2. 보아스 노바스(걸인들을 위한 교회)

보아스 노바스(좋은 소식)교회는 일명 걸인교회이다. 브라질에는 70% 이상이 빈민이며, 그중 100만 명이 최저 임금 680헤알(130불)도 제대로 받지 못해 거리에서 자고 쓰레기통을 뒤져 먹는 걸인이라는 통계가 나와 있다. 보아스 노바스교회는 상파울루 중심에 있는 그리세리오 지역에 1991년 3월 12일 80명의 걸인에게 빵을 나누어 줌으로 시작되었다. 처음에는 우리끼리 기도하고 교회 옆 골목에서 빵을 나누어 주었는데, 점점 사람들이 많아지기 시작했다. 그런데 문제가 생겼다. 걸인들이 새벽부터 골목에 모여 떠들어대는 데다가 주민들 집 대문 앞에 방뇨하는 일도 잦았다. 그래서 시비가 붙곤 하지만 누구도 걸인을 이길 수가 없다. 저들은 손해 볼 것이 없는 무일푼일 뿐 아니라 서로 잘 뭉치고 욕도 잘했다. 1) 제우스 히케시오는 그리스 신화에 나오는 니그네와 가난한의 탄원을 들어주는 신의 이름 누가 뭐라고 하든 지치지 않고 중얼거리 고 주민을 괴롭혔다. 그래서 주민은 언론에 알리고 법정에 고소하겠다고 다그쳤다. 한인교회 마당에서 급식하자 제안하니 전 교인이 "빵은 주되 장소는 안 된다"고 했다. 한인교회가 지역 주민을 위해 세운 리베르다지교회와 의논하니 한술 더 떠서 절대 안 된다면서, "만일 그런 일이 생기면 교회 문을 닫겠다"고 했다. 그래서 사회 복지 단체 망야후아 밍야까자(Minha Rua Minha Casa, 나의 거리 나의 집)와 천주교 수녀 살비아(넝마주이)와 시청에 들어가서 고가 다리 밑 공간을 급식 장소로 사용 허가를 받았다. 전적인 하나님의 은혜이다. 급식 사역을 하면서 몇 가지 특별한 점을 발견하고 깨우쳤다. 1) 무엇보다도 거지들에게도 자존심이 있다는 것이다. 거지들의 자존심을 건드리면 그 무엇으로도 해결되지 않는다. 2) 정보가 빠르다. 3) 눈치가 백단이다.

보아스 노바스교회는 아침 7시부터 한 시간 정도 예배를 드리고 8시에 커피와 빵을 나누어 주고 있다. 이렇게 예배를 드리기까지는 오랜 시간이 걸렸다. 처음에는 봉사자끼리 기도하고 빵을 나눴다. 얼마의 시간이 흐른 후 걸인들에게 "우리와 함께 하나님께 기도하고 빵을 나누면 좋겠는데 그래도 괜찮겠느냐?"고 물었다. 그리고 그들의 허락 속에 함께 기도하고 빵을 나누었다. 또 얼마의 시간이 지난 다음 다시 그들에게 물었다. "빵을 먹기 전 찬송 한 곡을 부르기도 한 뒤 먹으면 어떻겠느냐?" 그들의 허락을 받고 찬송을 부르고 기도하고 빵을 나누니 배나 기쁨이 컸다. 2년의 세월이 흐른 후 다시 그들에게 "찬송을 부르고 기도를 한 후 하나님 말씀 듣고 축복기도 받은 다음에 빵을 나누었으면 한다" 하니 모두들 박수치면서 환영했었다. "드디어" "마침내" "결국" 우리는 감격적으로 하나님께 감사한 마음으로 예배를 드린 후 빵과 커피를 나누었다.

이곳은 약육강식의 법칙이 통하는 정글과 같은 곳이다. 부녀자와 아이들이나 지체 부자유자는 빵과 커피를 얻기 위해 줄을 서지만 힘센 자들에게 떠밀려서 먹지 못하는 사태가 벌어지곤 했다. 어떤 이는 다섯 개 여섯 개를 먹는 반면에 한 개도 못 먹는 자가 있어 불평하는 소리가 들렸다. 질서를 잡고 공평하게 분배하기 위해 성경 구절을 쓴 번호표를 나누어 주고 1번에서 10번, 11번에서 20번, 이렇게 호명하고 번호를 확인하고 빵을 나누어 주니 질서가 잡히고 불평하는 사람이 없었다.

연 2회 이상 40-50명의 성실한 사람을 뽑아 4박 5일 수련회를 개최하여 집중 신앙 훈련을 했다. 군대처럼 목욕을 시킨 후 속옷과 바지, 상의, 신발, 모자, 가방까지 제공하고 마음껏 먹을 수 있도록 했다. 첫 날, 둘째

날은 허기진 사람들이라 보통 사람 4인분을 매끼 먹는 사람들이 많았다. 그러나 3일째는 정상으로 돌아오는 것을 본다. 집중적으로 성경을 가르치고 서로 대화를 나누며 찬송과 기도를 하며 십자가 앞에 나아가 회개하는 시간을 갖는 중 잃어버린 자아를 찾고 성령 체험을 하는 것을 보게 된다. 그런 사람들 가운데 리더를 뽑아 봉사자를 세워 그릇을 나누고, 빵과 커피를 만들고, 줄을 세우고, 분배를 돕게 하니, 저들 스스로가 여자와 아이들과 지체 부자유자에게 먼저 나누어 주는 선한 모습을 보게 되었다. 지금은 예배 때 눈물을 흘리며 은혜를 받고 거리에 나가 복음을 전하는 전도자도 나왔고, 걸인 생활을 청산하고 청소부로 취직한 사람도 있고, 세(SÉ) 광장에 자판을 펴놓고 장사하는 사람도 나왔다. 현재 한인교회 사찰을 하는 안토니오 도 보아스 노바스교회 출신이다. 동교회는 매주 평균 400명 성도 모인다. 한때는 700명 이상 모였고 많이 모일 때는 천 명이 넘기도 했다.

여기서 한 가지 밝히고 넘어갈 문제는 빵과 커피를 나누어 주는 것은 선교적 접근 방법은 될지언정 선교 그 자체는 아니라는 것이다. 한 영혼이 천하보다 귀중하다는 말씀은 그만큼 한 사람의 영혼이 주께로 돌아오기가 힘들다는 말씀이기도 하다. 빵을 나눈 지 3년 6개월 만에 첫 세례자가 나왔다. 10주 이상 성경 공부를 시킨 뒤 큰 기쁨과 감격 속에 군인 장교 출신이며 영어도 잘하는 루이스에게 세례를 주었다. 그러나 몇 개월 후에 그는 술에 취해 흥얼거리며 예배에 참석하여 실망감을 안겨 주었다. 열악한 환경을 견디다 못해 술의 힘에 의지한 것이 너무나 마음이 아프고 슬펐다. 그러나 감사한 것은 안토니오 같은 사람도 나왔기 때문이다. 그도 처음에는 성질이 고약한지 아무도 당해낼 수가 없었는데, 어느 날 그의 손에 성경이 들려 있었고, 밤낮으로 성경을 읽더니 그의 얼굴에는 웃음이 돌고 말씨가 달라졌다. 공손해졌을 뿐 아니라 콧노래로 찬송을 불렀다. 생활 자체가 변하고 인격의 변화가 이루어졌다. 전적으로 하나님의 돌보심이다. 하나님께서 하나님의 사람을 키워가심을 지켜보았다.

3. 헤칸토 도세(탁아소)[2]

도시 빈민에게 무엇보다도 절실하게 필요한 것이 일자리다. 그런데 일자리가 있어도 맞벌이 부부에게는 자녀가 발목을 잡는다. 자녀에게 매달리다 보면 가난하게 살 수밖에 없다. 이들에게는 아이들을 돌보아 주는 시설이 참으로 절실하다. 그래서 그리세리오 지역 빈민을 위해 맞벌이 부부를 돕기 위한 탁아소 사역을 시작했다. 2003년 10월 rua São paulo에 장소를 마련하여 헤칸토 도세(Recanto Doce 달콤한 모퉁이) 탁아소를 개원했다.

탁아소의 일과는 맞벌이 부부가 아침에 출근할 때 아이를 맡김으로써 시작되고 부모들이 직장에서 퇴근하면서 아이를 찾아가면 종료가 되었다. 그런데 문제가 생겼다. 탁아소가 있는 후아 상파울루는 유명한 우범 지대이다. 대낮부터 마약을 하는 사람들이 말썽을 피우기 일쑤인 데다 경찰과 대치하는 상황이 벌어져 총성이 나기도 하고 가끔씩 사람이 죽어 나간다. 더욱이 마약을 하는 사람들이 선생님들에게 구걸하며 행패를 부리고 아이들을 맡기러 오는 부모들과 시비를 벌이기도 했다. 헤

---

2) 브라질 영원한 아미고 106-109

깐토 도세 탁아소는 직원 6명과 원아 50여 명이 오전 7시부터 오후 6시까지 수업을 진행하고 있다. 성경 공부, 그림, 찬양과 율동. 기초 포르투갈어, 예절 교육 등을 실시한다. 점심을 먹이고 낮잠 시간을 갖고 있다. 오후 시간 다시 수업을 시작하여 부모들이 아이를 데려갈 때까지 돌보고 있으나 열악한 교육 환경 속에 애로가 많다. 그러나 신기한 것은 그토록 가난하여 형식적으로 걷는 저렴한 학비도 제대로 못 내는 학부모들이 정기적인 학습 발표회나 수료식에는 최신식 비디오, 카메라를 들고 와서 촬영하는 풍경이 연출된다. 이들이 사용하는 물건들은 대부분 길거리에서 강도 짓을 하여 빼앗은 것들이라 할 수 있다. 부모들이 감옥에 있거나 수배 중이기에 경찰을 피해 도피하거나 아예 집을 떠나 버린 가정이 대부분이다. 불우한 환경 속에서 자라는 아이들이 평생 주님을 모시고 사랑받으며 살 수 있도록 신앙교육에 집중하고 있다.

4. 브라질밀알선교단(Missão Miral do Brasil)

브라질밀알선교단은 장애아를 섬기는 선교 기관으로 2001년 7월 22일 Rua Newton Prado 548 Bom Retiro에 설립되었다. 주 5일 오전 8시 30분에 시작하여 오후 3시 반까지 수업을 하고 있다. 오전에는 성경 공부, 포르투갈어, 음악, 역사, 한글 교육을 실시하고 오후에는 물리 치료 인성 교육 자원봉사자들과 함께하는 재활 교육을 실시한다. 매주 금요일에는 공원에 나가 체력 단련을 하고 노방 전도와 거리 청소 등을 정기적으로 실시한다. 한 달에 한 번 야외 수업과 탐방 교육을 하고 있으며, 일 년에 한 번씩 3박 4일 일정으로 선교 여행을 한다.

매년 '밀알의 밤'을 열어 장애를 극복하고 성공적인 삶을 살고 있는 강사를 초청하고 교포를 초청하여 함께 은혜를 받고 있다. 그동안 초청한 강사는 레나 마리아, 현아(피아니스트), 차재홍 교수, 김지선(화상을이겨낸 교수), 송솔나무 등을 초청하였다. 파라과이와 아르헨티나에도 밀알선교단을 세웠다. 브라질 밀알선교단은 교포 교회와 브라질 교민들의 협력으로 무료로 운영하고 있다. 최은성 목사를 단장으로 청빙해 2013년 4월 7일 이/취임 예배를 드렸다. 그리고 필자는 실무 사역을 위임하고 지금은 남미 3국 이사장으로 섬기고 있다.

5. 알코올 및 마약 중독자 재활원(Comunidade Liberdade e Vida Para Viver, 살기 위한 자유와 생명 공동체)

알코올 및 마약 중독자 재활원은 1996년에 인연을 맺었다. 자기의 의지로는 도저히 알코올과 마약 중독에서 벗어나기 힘든 보아스 노바스교회(일명 걸인교회) 10명의 형제들을 위탁한 것이 계기가 되었다.

수자노(Suzano)에 있는 재활원에 처음 5명을 입소시키고 재정적인 지원을 했는데, 계속하여 2명 또는 3명씩 입소시키다 보니 18명이 되었다. 상파울루 외곽 지역에 높은 담장으로 둘러싸인 재활원에는 60여 명이 14개월 동안 합숙하여 재활 치료를 받는다. 어느 날 재활원의 간사 파울로가 찾아와 재활원 원장이 온다간다 소리도 없이 행방불명되어 더 이상 재활원을 운영할 수 없게 되었다고 호소하면서 도움을 청했다. 그래서 1999년 5월부터 재활원을 인수하게 되었다. 아무런 경험과 전문 지식이 없는 상태에서 새로운 장소에서 신앙 중심의 군대식프로그램을 짜서 운영하기 시작했다. 모든 원생을 4팀으로 나누어 식사 봉사팀, 채소밭 가꾸는 팀, 자원봉사 팀, 청소 팀으로 나누어 일을 분배하고, 한 주간마다 팀이 돌아가면서 공평하게 모든 일을 해볼 수 있도록 하였다. 재활원의 일과는 다음과 같다.

- 6시 기상, 새벽 기도, 성경 읽기
- 7시 아침 식사팀 식사 준비, 청소팀 재활원 안팎 청소, 그밖에 두 팀은 운동
- 8시 아침 식사
- 9시부터 12시 반까지는 일부는 텃밭에 채소를 심고 가꾸며 과일 나무를 돌본다. 다른 일부는 하청받아 온 일을 작업하게 함으로써 자비량 선교의 기틀을 세워 갔다.
- 오후 1시 점심을 먹고 4시까지 휴식
- 오후 4시부터 6시까지 성경 공부
- 저녁을 먹은 후 7시 반부터 찬양 시간을 가진 뒤 요일별로 외부 강사를 초청해 강연회를 갖기고 하고, 의료 진료 및 치료, 영화 감상 등을 한다. 또한 알코올과 마약을 끊고 성공한 사람들의 사례 발 표를 하고, 웃음 치료, 물리 치료, 건강 체조, 한의사들의 다양한 진료와 치료 등을 하였다.
- 오후 10시 취침

습관은 제2의 천성이라는 말이 있다. 아무리 좋은 교육을 시켜도 옛 습관을 버리고 새 사람이 되는 것은 정말 어렵다. 14개월 과정을 마치면 30%의 사람이 마약과 알코올의 유혹을 이길 수 있다고 판정을 받는다. 그러나 출소한 사람 중에는 몇 개월이 지나지 않아 다시 재활원을 찾

아오거나 다른 재활원으로 간다. 통계상으로는 불과 10% 사람들이 정상인으로 돌아간다. 오직 성령 체험을 하면서 치료를 받는 사람만이 완전히 나쁜 습관에서 해방된다. 그동안 이곳을 지나간 사람들은 2,730여 명이 된다.

6. 까자 두 메놀(Casa do Menor) 청소년을 위한 기술 학교

까자 도 메놀은 1996년 6월 18일 한인교회가 구입한 대지(R.Trav. Ruggiero 2)에 리베르다지 까자도 메놀을 개원하였다. 이 학교는 방황하는 청소년들이 일하고 공부할 수 있는 공간을 마련하였다. 처음에 50명을 모아 먹이고 공부를 할 수 있도록 다양한 과목을 자원하여 가르칠 수 있는 교사들을 확보한 후 문맹을 타파할 수 있는 포르투갈어를 가르치고 성경, 수학, 역사 등 일반 교육과 함께 컴퓨터, 바느질, 미장, 전기, 목공 등의 기술 교육을 중점적으로 가르쳤다. 문맹을 타파하고 신앙심을 갖도록 하며, 1인 2기 이상 기술을 습득할 수 있도록 지도하고 있다. 하나님과 바른 관계를 맺고, 꿈과 비전을 품고 축복의 땅 브라질에서 행복하고 보람있게 살 수 있도록 지도하고 있다.

7. 소뻐웅(Sopáo) 급식 사역

브라질은 빈부의 격차가 심하여 일을 찾지 못해 굶는 사람이 많다. 아침 5시에 인력 시장으로 나가 다행히 일할 수 있게 되면 품삯을 받아서 일용할 양식과 생필품을 살 수 있다. 하지만 일거리를 못 찾고 허탕을 치는 날이면 실의에 찬 얼굴로 터덜터덜 힘없이 집으로 돌아와 허기진 배를 부여안고 잠자리에 들어가는 사람이 많다. 우리 선교팀은 이들에게 빵을 나눠 주기로 결정하고, 개척한 찌라덴찌스교회 성도들에게 이웃을 사랑함은 손을 펼쳐 선을 행하는 것임을 가르치고, 목회자와 교회 리더들이 솔선해서 급식 헌금을 냈다. 자신들에게도 필요한 돈, 쌀, 기름, 옷, 장난감이지만 자신들보다 더 어려운 이웃들과 나누어 쓰자고 마음을 모았다. "주는 것이 받는 것보다 복이 있다(행 20:35)"는 말씀을 인용하면서 우리에게도 필요하지만 그래도 줄 수 있을 때 감사하며 주자고, 그리고 하나님의 축복을 경험하며 살자고 강조했다. 그리고 매주 목요일마다 소빼옹 사역을 시작했다. 배고프고 가난한 사람들이 매주 한 끼는 배부르게 먹게 해주었다. 교포 교회에 광고하여 의류, 치약, 비누, 쌀, 훼이정(까만콩), 밀가루, 기름 등의 생필품을 모아 도움이 필요한 가정들에 공급해 주었다. 한번 주는 것이 아니라 매일 준다는 것이 생각보다 쉬운 일은 아니다. 하지만 교회는 성실한 마음으로 주님의 말씀에 순종하여 계속하고 있다.

8. 파벨라(Favela)

파벨라는 브라질의 판자촌이다. 브라질 동북쪽 마라뇽주, 페르남부꼬주, 바이아주 등지에서 강우량이 적어 사막화되어가는 땅에 더 이상 살 수 없어서 가난한 사람들이 무작정 살길을 찾아 상파울루주의 위성도시로 와서 산과 공터를 무단 점령하여 집을 짓고 살고 있다. 우리 선교부는 이러한 빈민 지역을 대상으로 개척교회를 세워나갔다. 이런 지역을 파벨라(Favela)라 한다. 그동안 교회를 개척한 지역은 시다지 찌라덴찌스, 오자스꾸, 아에 까르발료, 사뽀펨바, 과룰루스 굼비까, 뻬라시까바 알고도아, 뻬라뚜바 등 지역인데, 모두 우범 지대이다.

고충과 갈등

도시 빈민촌에 교회를 세우고 성도들의 가정을 심방하면서 기도 제목을 받아보면, 첫 번째가 일자리를 주시기를 청한다. 두 번째는 도망 간 남편이 돌아오게 해주시든지, 새 남편을 달라는 것이다. 한마디로 먹고살기가 힘들다는 이야기이다. 브라질 법은 이혼하면 집도 자식 양육권도 모두 여자에게 돌아갈 뿐만 아니라, 남자는 자녀가 18세 될 때까지 의무적으로 양육비를 감당해야 한다. 이를 이행하지 않으면 법적으로 구속된다. 이 때문에 남자들이 이혼하지 않고 도망가는 일이 빈번하다. 이러한 가정들의 자녀들은 방치되기 십상이고, 부모의 관심과 간섭이 소홀하므로 자녀들이 자연스럽게 죄악에 쉽게 물들어간다. 이것이 브라질의 현실이다. 그래서 다양한 선교 사역을 펼치게 되었고, 20여 년 다양한 사역을 하는 가운데 시행착오도 많았다. 총에 맞아 천국 문턱까지 다녀오기도 했고, 경제적으로 큰 고통을 겪기도 하였으며, 수없는 사건 사고의 주인공이 되기도 했으며, 가십거리가 된 적도 한두 번이 아니다. 빈민 선교를 할 때 따르는 현실적 고충을 말한다면 다음과 같다.

첫째, 경제적 어려움이다. 도시 빈민을 대상으로 하는 선교는 밑 빠진 독에 물을 붓는 것처럼 끊임없이 돈이 들 수밖에 없다. 다양한 사역 설립에 돈이 필요하고 사역 운영에도 지속적인 재정 지원이 있어야 한다. 하나님께서 기뻐하시는 일은 사람의 계산법으로는 할 수가 없다. 사렙다 과부의 가루와 기름 법칙, 오병이어와 칠병이어 법칙, 30배 60배 100배의 법칙을 생각하며 계속할 뿐이다.

둘째, 함께 일할 지원자, 헌신자들이 계속 필요하지만 갈수록 줄어든다. 말세에 "믿음을 보겠느냐?"고 하셨는데, 기쁨으로 함께할 동역자가 절실하다.

셋째, 사진만 보면 아름답고 감동적이지만, 현실은 시간과 투자한 재원에 비해 열매가 미약하다. 마치 열매 없는 무화과나무가 된 듯이 느껴지며 종종 기운이 빠진다.

넷째, 자칫하면 복음의 본질이 사라진 사회사업가로 전락할 수 있다.

다섯째, 초심을 잃을 수 있다. 첫사랑을 잃어버리고 왜 그 일을 시작했는지도 잊고, 그저 일거리만 남을 수도 있다.

여섯째, 이보다 더 보람 있는 일은 없다. 그러나 시작하기도 어렵지만, 지속하기는 더 어렵다.

빈민 선교가 지향해야 할 방향성

빈민 선교를 할 때 유의해야 할 것은 아래와 같다. 첫째, 하나님의 선교(Mission of God/Missio Dei)임을 알고 출발해야 한다. 선교는 하나님께 속한 활동이다. 그는 주님이시고 위임/명령하시는 분이시기에 하나님이 선교의 주역이시다. 그러므로 하나님께 속한 것임을 기억 함으로 선교는 모든 인간적 욕망으로부터 해방된다. 선교란 구원받은 모든 피조물 위에 그리스도의 주권을 세우려는(아들을 세상에 파송하신) 하나님의 선교에 참여하는 것이다. 사람은 하나님께 쓰임 받는 도구이다. 선교는 언제나 하나님께서 주도하시며 앞서가고 계심을 사도행전이 우리에게 잘 가르쳐 주고 있다. 필자는 도시 빈민 선교를 하면서 하나님의 사랑을 자주 경험하고 있다. 하나님께서 그의 아들 독생자를 보내시고, 아버지와 아들께서는 성령을 보내시었다. 성령께서는 우리에게 감화와 감동을 주시어 하나님의 마음으로 가난한 사람들에게 긍휼과 자비를 베풀며 주님의 이름으로 선을 행하고 선한 사업에 부하고 나누어주기를 좋아하며 너그러운 마음으로 이웃을 사랑하게 하신다.

둘째, 선교 철학이 성경 중심적이어야 한다. 기독교 철학은 그 전제를 성경 계시에 둘 뿐 아니라 그 방법의 선택도 성경 계시에 두어야 한다. 기독교 철학은 단순한 학문이 아니라 복음 전파의 도구이다. 도시빈민 사역은 반드시 사도행전 즉 성경 계시에 근거를 둠으로써 복음의 증인 역할을 하여야 한다.

셋째, 구제와 선행은 주님의 이름으로 해야 한다. 성전 미문 거지에게 베드로는 "은과 금은 없지만 나사렛 예수의 이름으로" 그의 삶을 구원했다. 도시 빈민 사역은 많은 경제적 지원을 비롯한 은사와 재능 기부들이 동원된다. 그러나 자기 교회 이름이나 단체 또는 개인의 이름이 앞에 나오면 안 된다. 항상 목적은 복음 전파여야 하고, 선행과 구제는 예수 이름으로 행해야 한다.

넷째, 기대하지 말라. 기대가 크면 실망이 온다. 하나님의 교회는 하나님께서 세우시고 하나님의 사람도 하나님께서 키우신다. 나는 다만 주님의 손에 붙들려 사용되는 것뿐이다. 하나님의 주권 속에서 더러는 씨 뿌리는 사역에, 더러는 가꾸고 가르치는 도구로, 더러는 수확하는 기쁨을 누릴 수 있는 자리에서 역할과 사명을 감당한다. 인간적인 욕심과 명예 추구에서 벗어나 오직 하나님께 영광을 돌려드린다.

다섯째, 결코 헛되지 않다. 마태복음 25장에서 심판대 앞에서는 다 드러나 심판과 상급으로 나타난다. 비와 눈이 헛되지 않고 쓰임 받으며 하나님의 섭리를 이루어지듯, 때가 되면 반드시 열매를 맺는다는것을 기억하자.

여섯째, 금생과 내생의 복을 약속하셨다. 마태 25장 달란트 비유에서 칭찬과 상급을 약속하셨다. 딤전 6장 17-19절

맺으며

미국의 부자 연구가 토마스 콜리(Thomas Cortey)[3]는 350명이 넘는 부자와 가난한 사람의 습관이 어떻게 다른 지 5년 동안 연구했다. 그에 의하면 가난힌 사람들 95%가 부정적이고 유해한 사람들과 어울려 지내는 것으로 나타났다. 토마스 콜리는 가난한 집단들의 특징을 다음 세 가지로 정의했다. 첫 번째는 가난한 사람들은 세상에 대한 부 정적인 시각을 가지고 있다. 두 번째는 자신의 환경을 냉소하는 습관이 있다. 세 번째는 노력하지 않는 무기력한 태도이다. 이런 모습은 자기 자신을 가난에 머물게 할 뿐만 아니라 주변 사람에게도 부정적인 영향을 줄 가능성이 높다며, 가난한 사람끼리 어울릴수록 서로의 소비 습관과 생활 패턴을 닮아 행동하게 된다고 한다.

세상의 부자 연구가 토마스 콜리는 세상적 부자의 습관을 쫓아 가난한 사람들을 멀리하라고 하지만 성경은 가난한 사람들을 불쌍히 여기고 궁휼히 여기며 너그러운 마음으로 베풀어 주라고 말씀하고 있다.

---

3) 토마스 콜리(Thomas Cortey)는 'Rich Habit'의 저자이다. 이 책은 '인생을 바꾸는 부자 습관(붐붐스토리, 2017)'으로 번역 출판되었다.

가난한 사람들을 우리 주변에 있게 한 것은 축복의 통로로 우리로 하여금 선행을 할 기회를 주신 것이다. 가난한 자들에게 손을 펼치는 것은 하나님께 꾸어주는 것이고 장래에 좋은 터를 쌓아 참된 생명을 취하는 것이다(딤전 6:19). 마지막 심판을 받을 때 심판의 기준이 된다(마 25:34-46). 선행의 사례를 구체적으로 말씀하고 있다. 무엇보다도 선교지에서 구제와 선행은 복음을 전할 통로 역할이 되어 마음을 열고 예수님을 영접하는 동기를 부여해 준다. 주님께서 이 땅에 오신 목적도, 세상에 계시면서 가장 가까이하시며 치유와 기적을 베푸심도, 교훈과 책망과 칭찬하심의 이유도, 가난한 사람들에게 긍휼을 베풀라는 말씀이다. 하나님 나라에 들어갈 수 있는 자격과 예화(부자와 나사로)를 들 때도 가난한 자들을 언급하셨다.

40여 년 선교 현장에서 도시 빈민을 대상으로 섬길 수 있도록 지속적으로 은혜를 주신 여호와이레 하나님을 찬양합니다.

참고문헌

강성철, 나의 영원한 아미고 브라질, 올리브나무, 2015
_____, 브라질 디아스포라 한인교회, 선교전략연구, 2012
_____, 중남미 선교이야기 보아스 노바스, 아메리카 선교전략연구소, 2018
김금석, 브라질을 찾아서, 보문사, 1995
서인석, 성서의 가난한 사람들, 분도출판사, 1988
김용식, 디아스포라 인 브라질, 윌리엄 캐리, 2009
브라질기독신문 축쇄판 1987
열대문화동인회, 열대문화 5, 9, 10호, 2012
폴 G.히버트/엘로이스 히버트 메네시스, 성육신적 선교사역, 기독교문서선교회, 1998
J. G 피프케, 강원돈 옮김, 브라질 바닥공동체, 한국신학연구소

Ⅳ. 중남미 선교 전략

GMS 브라질 신학교 사역:
브라질교회의 변혁과 갱신

 필자는 36년 전 브라질 파송 선교사로 보내심을 받아 크고 작은 시행착오를 겪으며 다양한 사역을 하였다. 그중에 꾸준히 지속적으로 섬긴 사역이 신학교 사역이다. 브라질에 최초로 세운 국제성서대학(김승곤 분교 설립자 이장수 목사), 국제 성결 신학교(박재호 목사 설립), 개혁 훼이스신학교(맥퀸타이어 브라질분교 김해성 박사), 남미개혁신학교(미주총회) 등에서 교수로 봉직했으며, 브라질 GMS신학대학(현지인 신학교) 학장으로 17년째 섬기고 있다. 필자의 글은 신학교 사역 분과에 속한 것으로 "GMS브라질 신학교가 학습장이 되어 살펴본 브라질교회의 변혁과 혁신"이다. 세계 각처에서 신학교 사역을 하는 선교사들과 힘써 후원하는 교회들에게 도움이 되기를 바란다.

서구 전통 교회 역사와 남미 문화와 상황

1. 다양성이 복합된 남미

 브라질교회는 유럽의 디아스포라들이 세운 서구 전통 교회¹라고 말할 수 있다. 그렇지만 브라질 선교와 신학을 논하려면 브라질 문화와 상황을 이해하여야 한다. 그래야 브라질 사람과 브라질교회를 더 깊이 알

수가 있다. 네스토르 목사는 "남미의 신학과 교회를 이해하기 위해서는 남미 대륙에 존재하는 다양한 문화와 종교 그리고 이들이 서로 영향을 주고받으며 이루는 통합성을 염두에 둬야 한다"고 강조한다. 그는 라틴 아메리카의 신학과 교회를 이해하는 키워드를 "다양성 속의 통합"이라고 했다.

이 말은 참으로 올바른 표현이라고 생각한다. 기독교 전래 당시 한 민족, 한 언어, 한 문화를 가지고 있던 한국과는 달리 브라질을 비롯한 남미는 유럽 국가들이 남미를 정복하기 시작한 당시 이곳에는 잉카 문화와 마야 문화 외에 500-600개의 다른 언어와 종교, 문화와 역사성이 존재하고 있었다. 여기에 포르투갈과 스페인, 영국, 프랑스, 네덜란드 등 여러 지배국의 문화와 종교 그리고 아프리카에서 노예로 잡혀 온 흑인들이 가져온 아프리카 문화와 종교가 들어와 한 대륙에서 부딪쳤다. 여기에 20세기부터 본격화된 이민 행렬도 남미 신학과 교회에 큰 영향을 미쳤다. 그러므로 브라질을 비롯한 남미의 기독교는 같은 옷을 입고 있지만 그 옷 안에는 여러 다양한 색채들이 덧칠해져 있다고 말할 수 있다.

2. 남미 해방 신학은 변혁과 갱신의 도구였는가?

브라질과 남미를 이야기할 때 세계적으로 관심을 갖는 신학은 해방 신학이다. 남미 해방 신학은 이 같은 문화와 종교적 다양성 위에 이 땅을 정복자들의 식민 정책으로 말미암아 착취, 빈곤, 억압, 불평등, 처참한

---

1) 서구 전통 교회는 1517년 10월 31일 종교 개혁가 마르틴 루터가 당시 로마 가톨릭교회의 대사부 판매, 연옥에 대한 교황권 주장, 그리고 공로 사상을 비판한 내용의 95개조 반박문을 발표로 시작된 사건으로, 부패한 교회를 오직 성경의 권위와 오직 은혜와 오직 믿음을 강조함으로써 교회와 교회의 제도를 새롭게 개혁시키고자 했던 교회 개혁 운동이다. 위키백과에서

박해와 고통스러운 현실적인 상황과 우민 정책 속에 문맹, 실업, 가난의 울부짖는 신음 소리가 여기저기서 들리는 사회 현상 속에 하나님의 뜻을 식별하려는 사람들에 의해 해방 신학이 탄생하였다. 서구 신학자들은 신학은 절대 진리이고 크리스천은 그 진리대로 살기만 하면 된다고 생각했다. 그런데 브라질을 비롯한 남미 즉 제3세계 그리스도교는 불의한 사회 체제와 야합해서 기생해 온 종교 집단으로 전락하게 되었고 주님의 지상명령인 세상의 구령 사업은 등한히 할 뿐 아니라, 교회가 백성을 위하고 백성과 함께 하는 것이 아니라 백성을 억압하는 편에 서 있다는 엄청난 경각심과 당혹감을 금치 못하게 되었다. 해방 신학은 백성의 신음 속에 동참해 살면서 하나님의 뜻을 식별해 내려는 신학 방법을 채택하였다. 출애굽기 3장 7-8절 "내가 애굽에 있는 내 백성의 고통을 분명히 보고 그들이 그들의 감독자로 말미암아 부르짖음을 듣고 그 근심을 알고 내가 내려가서 그들을 애굽인의 손에서 건져내고 그들을 그땅에서 인도하여…" 말씀처럼 백성을 구원하고자 했다.

해방 신학자 엘라꾸리아는 "불의한 폭력과 폭력의 죄악에 저항하는 투쟁에 있어서 그리스도인이 취해야 할 구체적인 행동을 위한 이론적인 틀을 제공하고 있다. 즉 오늘날 라틴 아메리카 교회의 역할은 정치적이며 종교적이자 그리스도적 개념인 해방과 불가분리로 결합되어 구체적인 문제를 다루고 있다. (이그나시오 엘라꾸라이, 고재식 옮김, 해방과 선교 신학, 제3부 폭력과 십자가 참고[2])

브라질은 유럽이 옮겨 왔다고 해도 될 만큼 정치, 사회, 문화, 건축 및 다양한 음식 문화까지 유럽에서 자연스럽게 옮겨와 브라질과 남미 사람들 속에 친숙해져 있지만 종교만큼은 다르다. 유럽은 신학과 사회학이 서로 분리돼 있지만 유럽의 신학이 남미에서 발생하는 사회적 갈등과 대립 등의 문제와 만나면서 구원자 예수를 전하지 못하고 울부짖는 백성의 신음과 고난에 동참하지 못하고 있다. 여기서 통합과 적응력을 가진 새로운 신학 곧 해방 신학이 만들어졌다. 그러나 변혁과 갱신을 기대한 백성들의 아픔과 고난을 해결해 주지 못하였다.

3. 신은사 운동과 번영 신학

그런데 백성들의 고난과 박해 가난과 무지를 일깨우며 다가간 것은 브라질 개신교를 대표한 하나님의 성회이다. 브라질 백성들은 해방 신학이 아닌 신은사 운동과 번영 신학을 강조하며 다가간 오순절교회를 선호했다. 그 이유를 네스토르 목사는[3] 이렇게 분석했다. "해방 신학은 철저한 종말론적 신학으로, 미래에 이루어질 완전한 생명과 정의를 위해 저항하고 투쟁하자는 참여적 신학"이라고 했다 '하지만 당장 먹을 것이 없고 아들이 고열을 앓고 있는 이들에게는 혁명의 시간은 영원처럼 너무 멀게만 느껴지는 것이 현실"이라고 설명했다.

오히려 "머리에 손을 얹은 목사의 기도로 모든 문제를 해결할 수 있다"는 신은사주의 운동과 "당신도 부자될 수 있다" "당신도 성공할 수

---

[2] 오늘날 라틴 아메리카에 만연하고 있는 "제도화된 폭력"이 넣은 불의와 억압의 긴박한 상황에 대해 엘가꾸라이는 떨리는 목소리로 증언한다. 그 상황 안에서 그는 폭력의 문제를 논한다. 폭력의 죄악성을 규정하는 것은 폭력의 방법이나 그 잔인성이 아니라고 단언한다. 본질적으로 중요한 것은 그 폭력이 정의를 위해 자행되느냐 불의를 위해 자행되느냐에 있다고 한다 제3세계신학 "해방과 선교신학"

[3] 해방 신학자이며 감리교 목사인 네스토르 미게스 목사는 아르헨티나 개신교연맹(FAIE)의 의장이며 남미의 대표적 신학자 호세 미게스 보니노(1924-2012)교수의 아들이다. 이그나시오 엘라꾸리아는 라틴 아메리카 민중과 더불어 25년간 일해온 스페인계 해방 신학자이다.

있다"는 번영 신학과 비교할 때 해방 신학자의 "제국주의를 무너뜨리고 풍요로운 생명을 위해 함께 투쟁하자"는 말보다는 더 매력적으로 다가왔다. 브라질 사람들은 무엇을 선택하겠는가? 브라질 사람들은 서구 전통 교회인 가톨릭을 떠나 개신교를 대표하는 오순절교회를 찾았다. 그러므로 라틴 아메리카 대표가 된 하나님의 성회는 신학적인 경향이 매우 보수적이었기에 양적으로 급속한 성장을 하였고 가톨릭 대륙인 중남미 지역이 머지않아 보수적 개신교 대륙으로 곧 바뀔 것 같은 인상을 받을 정도로 변혁과 갱신을 가져 왔다.

그러나 한 가지 놀라운 사실은 지난 10년 사이에 라틴 아메리카 주요 국가 대부분이 진보적 정부로 교체되었거나 전환 중에 있다는 점이다. 여기서 제기되는 질문은 종교 세계는 보수적인 개신교가 급속도로 성장하였는데 어떻게 사회는 진보적 정당을 선택하는 현싱이 일어나고 있는가? 하는 점이다.

4. 개신교를 대표하는 하나님의 성회

나라마다 상황이 다른데 미국에서는 침례교가 강세이고 독일에서는 루터교가, 영국에서는 성공회가, 로마에서는 가톨릭이, 우리나라에서는 장로교가 강세인데, 브라질은 하나님의 성회가 강세이다. 개신교를 대표하는 하나님 성회 교회는 번영 신학과 신은사 운동을 채택하므로 큰 부흥을 가져왔다.

논의할 부분:

* 복음은 변할 수 없다. 그러나 신학의 전통과 역사는 존중하되 너무 고집해서는 안 된다. 그러나 문화와 상황은 현실적인 문제다 수용하

면서 복음을 전해야 한다. 어떻게 복음과의 관계를 유지하며 모든 족속에게 복음을 전할 것인가?

* 오늘의 교회가 회복하려면 어떠한 변화가 필요하다고 생각하나?

가톨릭교회에서 개신교로 이동한 브라질 사람들

1. 구조적인 사회악

브라질은 1500년 4월 21일 알바레스 까브라우(Pedro Alvares Cabral)에 의해 발견된 나라로, 당시에는 이 땅에 인디오가 살고 있었다. 브라질 역사는 네 시대로 구분할 수 있다. 식민 시대, 왕정 시대, 군사 공화 시대, 민선 시대이다.[4] 식민지 개척을 하면서 수많은 인디오를 죽였다. 이때 인디오에게는 영혼이 없다는 유권 해석을 하며 미사를 집례하는 신부도 있었다고 한다. 최근에 이르기까지 인디오에게는 시민의 기본권인 투표권이 없었다. 또한 광대한 브라질 땅을 개척하여 농장에 필요한 인력을 충당하기 위해 아프리카에서 수많은 흑인 노예들이 유입되었다. 원주민인 인디오들은 주권을 빼앗겼고 저들의 토지와 자녀들을 뺏기고 아프리카 흑인 노예들은 중노동을 하면서 비참하게 살았다. 왕족과 귀족, 군인들, 농장 지주들 그리고 천주교 교권주의자들이 모든 땅과 권리를 다 가지고 백성들을 억압하였는데 그들의 횡포는 말할 수 없이 잔인했다.

---

4) 중남미 역사 구분을 크게 5기로 나눌 수 있다. 고대 문명 시대, 식민 시대, 후 식민 시대, 군부 통치 시대, 민선으로 바뀐 현대 시대로 나눌 수 있다. 콜럼버스가 신대륙을 발견한 이전에 중남미에는 고대 문명이 자리잡고 있었다. 크게 나누면 아즈택(THE AXZTECS) 제국, 마야(THE MAYA) 제국, 잉카(THE INCA) 제국이 있었으며 아마존 유역에 인디오 원주 민문화가 존재했다(GMS 중남미 선교 정보 및 미래 선교 전략적 방향에서).

2. 불의한 사회 체제와 야합한 종교 집단

서구 전통 교회는 개척자들과 함께 이 땅에 도착해 십자가를 세우고 미사를 드리면서 브라질 및 남미 땅에 구령 사업을 시작했다. 그래서 브라질 각 도시의 0번지에는 교회가 세워지고 성당을 가까이하면 번지수가 적어지고 중앙 성당에서 멀리 떨어지면 번지수가 많아지고 있음을 볼 수 있다. 선교에 탁월한 역할을 예수회(the Jesuit order)의 선교 전략[5]은 정복과 정착과 전도로써 철저히 로마교회와 교황에게 순종과 충성을 하도록 원주민들을 훈련하였다. 그러나 타락한 가톨릭 신부가 모호하고 더러운 정치하는 자들과 야합하여 악에 동조하기 시작했다. 이들은 식민지를 개척하면서 인디오 종족을 진멸하고 착취, 강간 등 악행을 저질렀다. 양심의 가책을 받고 괴로워하는 사람들, 하나님을 믿는다면서 어찌 이런 일을 할 수 있겠느냐는 많은 의문을 제기하는 자들의 질문이 교회들에 의해서 무시되고 배척되기도 하며 교회와의 관련성을 잃거나 고립되었다.

3. 민중의 신음 속에 동참하면서 나온 해방 신학

인종의 편견과 지배와 피지배라는 사회적인 상황 속에 기존의 관습과 제도에 대한 도전장을 내고 탄생한 해방 신학은 남미의 대표신학이 되었다. 해방 신학의 아버지라고 할 수 있는 Gustavo Gutierrez를 비롯한 Leonardo Boff, Miguez Bonno, Jon Sobrino, Enrique Dussel 등 남미 해방 신학자 대표들이다. 알젠틴 조직신학 교수인 J. M 호세 미

---

5) 예수회의 선교 전략은 모든 야만적이고 이교도적인 원주민들을 그리스도인 백성들로 특별히 Roman Catholic화한 기독인으로 만들기 위해 인디언들을 위한 정착 마을과 교회와 학교를 만들어서 그들을 교화시켜 나갔다. 로마 가톨릭 선교사들의 타락으로 인하여 1773년 예수회가 해체되었다.

구에즈 보니노 교수는[6] "너희 그리스도인들은 정의와 사랑, 세상의 변화, 가난한 사람들의 권리와 옹호에 대하여 입버릇처럼 말하지만 그 구체적인 방법에 대해서는 말하는 법이 없다. 도덕적인 문제들에 있어서 그리스도인들은 개인을 위한 일반적인 원리 또는 규범 이상의 것을 기여할 수 있는가?"

만일 우리가 오늘의 세계에서 신앙을 생활화하고자 한다면 수천만 명의 생사를 결정하는 "정치투쟁"을 회피할 수 없다. 하나님의 이름을 부른다는 것은 모든 새로운 형태의 우상 숭배들, 이데올로기와 체제가 완전하고 절대적이라는 온갖 주장들을 부인하고 고발하는 것을 의미한다. 그것은 가난한 사람들과 더불어 그들의 해방을 위해서 생명을 내거는 일을 뜻한다.

해방에 대해서 말한다는 것은 해방과 과업에 목숨을 바쳐 기나긴 투쟁에 뛰어든 수많은 죄 없는 사람들의 사랑과 고난과 죽음에 대해서 말하는 것이다. 그러나 그것은 동시에 소유의 상실에 대한 불안에 쫓기는 가진 자와 억압자들의 공포와 고통에 대해서도 말하는 것이 해방신학이다.

4. 통전적 신학과 통전적 선교

한편 짚고 넘어가야 할 것은 Samuel Escobar, Rene Padilla, Orlando Costa, Emiliano Nunez 등 복음주의 신학자들 중심으로 통전

---

6) J. M. 보니노 박사는 현재 아르헨티나 신학교 조직신학 교수로서 남미 해방 신학의 대표적인 개신교 신학자이다. 그는 WCC 신학 교육 프로그램 실행 위원을 역임한 바 있고 주저로는 오늘의 행동 신학, 민중의 자리, 그리고 해방의 정치 윤리 등이 있다.

적 신학(Teologia Integral) 또는 통전적 선교(Mission integral)가 활발히 진행되었다. 이들은 해방 신학이 지적하는 사회의 부조리, 압제, 빈곤, 정의 등에 동의하면서 그러나 해방 신학이 제시하는 사회학 또는 Marxism의 역사이해 내지는 해석과 해답을 거부하고, 시작과 끝, 즉 해답을 성경에서 찾고자 했다. 브라질에 통전적 선교 리더는 Bladir Steurnagel, Robnson Jaantho 등이 있다. 통전적 신학과 선교 리더들이 중남미 복음주의 신학협회 또는 신학동우회(Fraternidad Teologica Latinamericana)가 태동되었고, 1988년도에 중남미 전체 대륙 선교대회인 COMIBAM이[7] 열렸다. 이 대회에 조동진 박사가 함께하였고 그 중심에 있는 죠나단 산토스와 유대를 갖고 제3세계 선교를 함께 논했으며 고 김의환 박사는 중남미 복음주의 신학협회에 관심을 갖고 여러 번 브라질을 방문하여 관계자들과 유대를 가졌다.

5. 정령주의에 친숙한 브라질 사람들에게 다가간 신은사 운동

브라질 사람들은 현실적인 삶 속에 당면한 문제들과 미 확실한 미래를 헤쳐 나가기 위해 정령주의자들을 찾는다. 그리고 이들이 겪고 있는 모든 질병과 고통, 근심의 원인인 악한 영을 쫓는 축귀(Exorcism) 의식을 쫓는다. 브라질인들은 알게 모르게 영향을 주고받고 있는데 하나님의 성회를 비롯한 오순절 계통의 교회들은 은사 집회와 함께 귀신을 쫓는 의식을 행한다.

---

[7] COMIBAM(Congreso de Mission Iberoamericana)대회는 스페인과 포르투갈을 포함한다는 이유에서 이 선교 대회를 "라틴 아메리카 선교대회"라기보다 "이베로아메리카 선교대회"라고 명명했다.

브라질의 정령주의 활동은 세계 어느 나라보다 조직적이고 혼합적이다. 이를 장화경 박사는 그의 책 "춤추는 브라질"에서 선교를 위한 문화 인류학적 접근을 시도하면서 아프로 – 브라질 종교(Afro-Brazil Religion)를 정령주의에 친숙한 혼합 종교로 정의하고 있다.

수 세기에 걸쳐서 브라질로 이동한 아프리카 종교가 포르투갈의 가톨릭과 브라질의 원주민 종교, 프랑스의 카르텍 영매술(Kardecism) 그리고 유럽의 신비술(Occult) 등과 조우하면서 변화, 통합, 융합을 거쳐서 생성된 혼합 종교(Syncretism)이다.

그 대표적인 아프로 종파는;
- 깐돔브레(Candomble)는 아프리카 종교+가톨릭 1930년 성립 특징은 많은 오리샤들이다.
- 마꿈바(Macumba)는 아프리카 종교+가톨릭+인디오+오컬트 19세기 말 특징은 주술적이다.
- 움반다(Umbanda)는 아프리카 종교+가톨릭+카르텍시즘+인디오+ 오컬트+마꿈바 1908년 특징은 조직적 교리와 치유이다.

브라질을 비롯한 남미는 역사적으로, 사회적으로, 문화적으로, 피해자인 수많은 인디언들의 후손들과 아프리카 흑인들의 후예들과 유럽인들과의 혼혈 가운데의 수많은 후손들의 공통점이 한과 흥과 끼가 있다는 것이다. 이들이 다 복음을 듣고 구원을 얻고 지나온 모든 상처들이 회복되어야 할 것이다.

신은사 운동을 펼친 오순절 계통의 교회들은 서구 전통 교회인 브라질교회가 방치한 하층민과 도시 빈민을 찾아가 단순하고 분명한 하나님의 사랑을 전하며 하류층의 언어로 복음을 전하고 질병과 악한 귀신에 눌려 있는 이들에게 치병, 축사를 통해 새로운 희망과 용기를 불어 넣어 주었다. 특별히 은사주의(charismatic movement) 불길이 맹렬히 불어 오순절 주의 및 은사주의가 중남미 전체의 개신교의 주류를 이루게 되었다.

6. 도시 빈민들에게 다가간 번영 신학

브라질을 비롯한 중남미는 중남미 특유의 Spiritualism로 인한 혼합주의와 해방 신학과 자유주의 신학과 중남미 전체 인구의 70% 이상을 차지하고 있는 명목상 신자(nominal Catholic)로서의 삶과 각종 타락과 중독의 현상 속에 희망을 잃어가고 있다.

현재 브라질에는 70% 이상이 빈민이며 최저 임금(680헤알)도 받지 못해 거리에서 자고 쓰레기통을 뒤져 먹는 걸인들이 100만 명이 넘는다는 통계가 나와 있다. 가난하여 제대로 배우지 못하고 배불리 먹지 못하고 세상을 원망하거나 꿈을 저버린 채 하루하루 닥치는 대로 살아가는 사람들, 가난 때문에 방황하다가 범죄자의 길로 빠져드는 도시 빈민들에게 오순절계 전도자들이 나아가 손을 들어 머리에 안수하면서 "당신도 축복을 받아 부자가 될 수 있습니다", "당신도 성공할 수 있습니다"고 축복 기도해 주며 소외된 도시의 하층민들을 잘 보듬어 주기 때문에 하나님 성회 교회를 비롯한 오순절 계통의 교회들이 크게 성장하고 있는 것이다.

7. 이동의 원인과 상황(가톨릭에서 개신교회로)

브라질은 원래 가톨릭의 종주국이다. 세계 최대의 가톨릭 국가인 브라질에서 해마다 개신교로 개종을 하는 가톨릭 신자들의 숫자가 증가하고 있다. 브라질은 인구 1억 9천 1백만 가운데 1억 2천 3백만 명이 스스로를 가톨릭 신자로 규명하고 있는데 이는 세계 어떤 국가보다 많은 숫자다. 하지만 2010년도 인구 센서스에 의하면, 지난 30년 동안 브라질의 가톨릭 인구는 점점 감소하고 있는 것으로 나타났다. 1970년에는 인구의 92%가 가톨릭 신자였는데 비해 2000년도에는 73.6% 그리고 2010년도에는 64.6%로 감소했다. 반면에 개신교인의 숫자는 2000년 15.4%(2천 6백만 명)에서 2010년 22.2%(4천 2백 6십만 명)로 증가했다. 1970년에는 전체 인구의 6.6%에 불과했다. 브라질 리오국립대학 통계학 교수인 호세 디니즈는 브라질 가톨릭이 계속 감소하여 2030년도에는 인구의 50%까지 감소할 것으로 내다보고 있다. 브라질 개신교에서 가장 큰 교단은 백 년의 역사를 가진 "하나님의 성회"이다. 5만 명의 목사와 대형 교회를 포함한 10만 개의 교회가 있다. 반면에 로마 가톨릭은 2만 5천 명의 사제와 1만 1천 개의 교구가 있다.

이러한 종교 인구의 이동은 보수적인 서구 전통 교회인 가톨릭 교회에 실망한 사람들이 상대적으로 이 땅에서의 부유함뿐 아니라 내세를 바라보게 하는 복음주의 교회로 이동한 것으로 볼 수 있다. 가톨릭에서 복음주의 교회로 옮기는 또 하나의 이유를 지난 십 수년간 발생한 브라질 북동부 가뭄으로 인해 살 길을 찾아 내부적인 인구이동을 할 수밖에 없었음을 들고 있다. 즉 수만 명의 브라질 사람들이 경제적인 이유로 그들의 고향을 떠나 주요 도시 특별히 상파울루, 리우데자네이루 등 도시로의 인구 이동이 오순절교회 성장에 지대한 공헌을 하였다.

리우데자네이루 가톨릭 대학 정치학 교수이며 브라질 지역 정세 전문가인 세자로 로메오 야곱은 "가톨릭 신자들은 가톨릭 지역인 브라질 북동부와 남부를 떠나 주정부가 없고 가톨릭 모습이 두드러지지 않은 지역에 이들이 모이고 있다"고 밝혔다. 그에 따르면 오순절 교단이 이러한 지역의 대부분을 점령하고 있다고 하였다. 로메오의 말이 맞다고 본다.

8. 빈민 지역 선교 활동

필자는 도시 빈민을 상대로 36년째 선교 사역을 하고 있다. 상파울루 외곽 지대 과률루스 쿰비카, 오사스코 중심으로 한 뻬리뚜바 지역, 아에 까르발료 지역, 사포펨바 지역, 시다지 찌라덴찌스 지역 그리고 상파울루 중심에 우범 지대인 그리세리오 지역을 선교 교구로 정하고 개척 교회 사역, 청소년 기술 학교인 까자 도 메놀, 걸인 사역인 보아스 노바스(좋은소식) 걸인교회, 탁아소 헤칸토 도세, 문맹자 퇴치학교, 소뻥(빵과 우유 공급)사역, 알콜 및 마약 중독자 재활원, 축구 학교, 노인 대학 등 다양한 선교 사역을 펼쳐 왔다. 그런데 이러한 빈민 지역을 대상으로 세워진 교회는 거의 모두가 하나님의 성회 즉 은사 중심의 교회들이며 교인들 대부분이 세하라, 페르남부꼬주, 빠라이바, 마라룡 주, 파라 주, 바이아 주에서 무작정 살길을 찾아온 사람들이며 이들 모두 전에는 가톨릭 신자들이었다.

도시 빈민을 대상으로 펼친 브라질 디아스포라 선교회 사역도 이 지역을 집중적으로 하였다. 교회 개척과 지도자 양성을 위한 신학교 사역을 하였다. 감사한 것은 GMS 지부 공동 사역으로 신학교 사역을 시작하였다는 점이다. 그런데 GMS 본부와 브라질 지부 결의를 거부하고 개인 신학을 총회 신학이란 명분을 내세우며 자신의 명의로 등록된 문서를 가지고 독주하기에 재산권 문제로 법적 투쟁하며 재정과 시간을 소비하기보다 사역을 계속하는 것이 낫다 생각하고, 두 개의 신학교가 생기지 않기 위해 토요일에 집중적으로 수업을 하는 학점제 신학교를 세워 운영하기로 했다.

그런데 의외로 브라질 환경과 오순절 교단을 비롯한 브라질교회가 안고 있는 문제를 잘 살펴볼 수 있는 학습장이 되고 있다. 오순절교회는 수적인 급성장을 했으나 말씀에 근거하기보다는 외적인 현상과 은사에 치중하는 경향이 있으므로 하여, 제자화 양육이 부족하다. GMS 신학교는 개혁주의 노선에서 조직 신학과 역사 신학 성경 신학과 선교 신학을 비롯한 보수 신학을 중점적으로 가르치며 말씀과 기도와 전도와 봉사 및 실천 신학을 가르치고 있다. 자연스럽게 GMS 신학교에 교계의 관심이 모아졌고, 광고하지 않아도 이미 목회를 하고 있는 교역자들과 사회에서 좋은 직장을 가지고 있는 수준 높은 학생들이 등록하여 수업을 받고 있다. 또한 브라질 성결 교단은 교단에서 개척한 현지인 교역자들을 본교에 위탁 교육을 청원해 4년 또는 5년간 본교에서 수학하고, 목사 안수는 동 교단에서 주는 협력 관계를 맺을 뿐 아니라 칠레 노회에서도 위탁 교육을 청원해 오기도 했으나 기숙사 시설이 갖추어지지 않아 사양하였다. 또한 앙골라와 파키스탄 등에서 외국인 학생들이 등록하여 수업을 받는가 하면 한국 선교사와 목회자들도 입학하여 수업을 받고 있다. 더욱이 감사한 것은 실력 있는 현지인 교수들이 자원하여 강의안을 들고 온다는 사실이다. 본교를 졸업한 학생들도 자원하여 봉사하며 학교 발전을 위해 헌신하고 있다. 전적인 하나님의 은혜이다. 브라질 GMS 신학교는 AETAL(Associacao Evangelica de Educacao Teologica na America Latina)에 정식회원 학교로서 커리큘럼을 공유하고 다양한 행사를 함께하고 있다.

오순절 성회 계통의 교회가 개신교를 대표하고 있는 브라질을 비롯한 중남미 교회는 신학과정을 이수하지 못한 목회자가 많기에 이들에게 성경을 제대로 가르치며, 제자화 된 크리스천의 삶을 살도록 잘 인도할 수 있도록 목회자들에게 철저한 재교육과 균형 잡힌 성경 교육을 가르칠 필요가 있다.

논의할 부분:
* 왜 브라질 및 라틴 아메리카 교회가 해방 신학을 채택하지 않고 번영 신학과 신은사 운동을 채택하였을까?
* 왜 번영 신학과 신은사 운동에서 개혁주의 노선 신학교를 택하여 오고 있는가?

오순절 대형 교회가 교회 변혁과 갱신에 어떤 영향을 주었는가?

지역적인 문화와 상황 속에는 해방신학이 민중들과 맞을 것 같은데 진정 교회의 변화와 갱신은 하나님의 성회가 받아들인 정령주의와 신은

사주의 운동과 번영 신학이 교회 성장을 가져왔다. 그러면 브라질과 라틴 아메리카 교회의 변혁과 갱신을 가져온 하나님 성회 및 오순절계 대형 교회를 연구하지 않을 수 없다.

1. 교회 변혁과 갱신을 가져온 하나님의 성회(Igreja Assembria Deus)

900만 이상의 신자를 가지고 있는 "브라질 하나님의 성회"가 창설된 것은 1910년이다. 유럽의 스웨덴에서 미국으로 이민 온 "군나 빙그렌"과 "다니엘 베르고"는 해외 선교사로서 꿈을 키워왔다. 1909년 미국 인디아나 주에 있는 사우스 밴드시의 한 기도 교제 모임에서 두 사람은 파라(Para)로 가라는 예언의 말씀을 받았다(예언의 은사).

파라(Para)? 그들은 그런 이름의 장소를 결코 들어 본 적이 없었다. 그래서 그들은 국립 도서관을 찾아가서 여러 가지를 알아본 뒤에야 "파라"라고 부르는 장소가 남아메리카에 있는 브라질의 한 주 이름임을 알 수 있었다. 그들은 당장 브라질로 갈 방도를 찾지 못하고 기도 하던 중 뉴욕의 한 장소에서 어떤 사람을 찾으라는 또 다른 예언의 말씀을 듣게 되었다.

그들은 밤 기차로 뉴욕에 갈 수 있을 정도의 푼돈만 가지고 뉴욕을 향했다. 그들은 그곳에서 한 사람을 만났으며, 그 사람은 그들에게 "파라" 주 수도인 "벨렝"까지 갈 수 있는 수송기의 3등칸 표를 살 수 있을 만큼의 돈을 마련해 주었다. 그들은 피곤한 상태로 브라질의 파라 주에 도착한 것이 1910년의 일이었다.

그들은 공원 벤치에 축 늘어져 앞으로 무엇을 어찌해야 할지 하나님께서 인도해 주시기만을 기도하고 있었다. 하나님께서 그들을 먼저 한

감리교 선교사에게 인도하셨으며, 그 선교사는 그들을 한 친절한 침례교 목사에게 소개해 주었고, 그 목사는 그들에게 교회 뒤편에 있는 숙소를 제공해 주었다. 그들은 포르투갈어로 설교할 수 있을 만큼 실력을 갖출 때까지 그곳에 머물렀으며 마침내 그들은 그곳을 떠나 새로운 교회를 세웠다. 이것이 오늘날 브라질 최대의 교단인 "하나님의 성회"의 시작이며 싹이었던 것이다.("성령의 능력과 교회 성장" 피터 와그너 저에서)

2. 대형 교회들

현재는 그 싹이 자라 브라질 개신교를 대표하고 있으며 다혈질적인 라틴 아메리카에서 개신교 중 가장 중요한 영향력을 행사하고 있다. 현재 브라질 오순절교회를 대표하는 대형 교회는 브라질 Igreja Assembria Deus(하나님의 성회), Igreja Universal do Reino de Deus(우주적인 하나님의 왕국교회), IGREJA Internacional da Graca de DEUS(국제 하나님 은혜교회), Igreja de DEUS Sociedade Missionaria MUNDIAL(세계선교교회), IGREJA Pentecostal DEUS E AMOR(하나님 사랑교회), Congregacao Crista(그리스도인들의 모임), Comunidade da Graca(은혜의 공동체) 등이다.

최근 오순절 계통의 대형 교회 교역자들이 GMS 신학교에 들어와 수업을 받고 있다. 이 가운데는 수천 명의 교회를 담임했던 아드리아노 목사를 비롯한 많은 학생들이 있다.

성장하는 대형 교회 중 얼마 전 솔로몬 성전을 세운 Igreja Universal do Reino de Deus (우주적인 하나님의 왕국교회) 성장 요인을 분석하고자 한다. 대부분의 대형 교회가 비슷한 모양으로 사회 속에 비추어져 가고 있기에 오순절계 대형 교회들을 좀 더 깊은 관심을 갖고 연구하면 된다고 본다.

우주적인 하나님의 왕국교회(Igreja Universal do Reino de Deus)는 1977년 리우데자네이루에서 시작하였고, 설립자는 에디르 마사도(Edir Macedo)이다. 이 교회는 브라질의 하류층 도시 빈민을 상대로 복음을 전파하면서 세계 각국에 흩어져 있는 라틴 아메리카 계열의 이민 공동체에서 급속도로 교회 성장을 이루고 있다. 텔레비전 방송국, 라디오 방송국, 신문사, 은행, 신용회사, 레코드 회사 등을 운영하고 있는 종교 재벌이다.

교인 수는 6백만 명 정도이며 약 85개국에 선교사를 파송하고 있다. 교회 성장의 원인은 치유 은사를 통해 교인들이 겪고 있는 영육 간의 고통을 제거하는 데 많은 관심을 가져오는데 있다. 그러면서도 모든 질병과 근심의 원인인 악한 영을 쫓아내는 축귀(Exorcism) 의식을 강조한다. 이는 브라질인 전체에 미치고 있는 아프로-브라질 종교의 영향 아래 (천주교 개신교. 기타 모든 종교인에게 알게 모르게 영향을 주고 있음) 때문이라 한다.

또 한 가지 지적은 거의 매일 드려지는 각종 예배에서 지나치게 헌금을 강조한다. 정부, 언론 등을 통하여 부정적인 이미지에도 불구하고 지금까지 종교 단체로서 생명력을 잃지 않고 오히려 급성장할 수 있었던 것은 언론과 미디어의 힘을 잘 활용했기 때문이다. 그러나 탄탄한 재정 구조를 가지고 있고, 언론 플레이가 뛰어나다고 해도 이런 것들이 우니베살교회의 급성장의 원인이 아니라 그 해답은 좀 더 본질적인 것에 있는데 그것은 한마디로 가난하고 소외된 도시의 하층민들을 잘 보듬었기 때문이다.

또한 우니베살교회는 사회적인 약자들에 대한 총체적인 배려를 통해 희망의 근거지를 "저 세상"이 아닌 "바로 지금 이곳에" 둘 수 있도록 격려하고 있기 때문이다. 이것은 16세기부터 정치 종교적 기득권을 누려왔던 브라질의 가톨릭교회와 독재를 일삼았던 브라질 정부가 브라질 하층민과 도시 빈민을 방치한 반면에 니베살교회는 고통을 받고 있는 사람들에게 새로운 희망과 용기를 불어넣어 주었기 때문에 교회는 성장하게 된 것이다.

그밖에 IGREJA Internacional da Graca de DEUS는 소아리스 목사가 이끄는 대형 교회로서 한국에도 잘 알려진 부흥사이다. 영적 원리를 강론하며 사탄을 제압하는 권세를 가지고 과감하게 명령한다. 또 Igreja de DEUS Sociedade Missionaria MUNDIAL은 브라질 27개 주와 세계 175개국에 교회를 설립한 브라질에서 최강능력을 나타내는 전도자 교단이다. 단순하고 분명한 하나님의 사랑을 전한다. 대형 집회에서 나타나는 그의 대중성, 하류층 언어, 치병, 축사, 번영의 기적 등을 강조한다.

IGREJA Pentecostal DEUS E AMOR는 칠레 선교사 미란다가 세운 교회로 상파울루에 중심에 교회가 있다. 신유의 역사로 인해 전국에서 버스를 대절하여 온다. 라디오 방송으로 선교를 하면서 한 번에 4천명 이상 세례를 주기도 한다. 그 밖에도 Congregacao Crista 그리스도인들의 모임, Comunidade da Graca 은혜의 공동체 교회들이 도시 빈민

지역에 교회를 세우고 열심을 내고 있으나 대부분이 우니베르살(하나님의 왕국 교회)처럼 상당히 변질이 되어 있고 돈 문제로 시끄럽다. 그러나 분명한 것은 이러한 교회들이 성장하고 있다는 것이다. 본질에서 많이 벗어난 교회에 회의를 느끼고 많은 부담 속에 모든 것을 내려놓고 GMS 신학교를 찾고 있다. 브라질을 비롯한 중남미에서 사역하는 신학교들은 대형 교회인 오순절 계통의 교회를 연구해야 한다고 본다.

브라질 GMS신학교의 변화와 갱신

1. 신학교들의 현황

30여 년 동안 섬긴 대부분의 한국인을 대상으로 한 디아스포라 지역 신학교는 브라질(남미포함)의 신학적인 동향에는 관심을 갖지 못하고 지역에 세운 분교로서 본교의 지시를 받아 전통적인 한국의 신학교 커리큘럼을 따라 운영할 뿐 아니라 브라질을 방문한 목회자들의 특강으로 학교를 운영하고 있었다. 양질의 교육을 할 수 있는 모판이 이루어지지 않았을 뿐 아니라 장로교의 전통과 보수만을 고집하며 학교를 운영하였기에 영세성을 벗어나지 못하고 대부분의 신학교가 문을 닫았으며 하나님의 성회가 개신교를 대표하는 브라질에서 사역을 해야 하는 선교사들에게 필요한 사역자를 공급하기에는 역부족이므로 선교사들과 디아스포라 교회 사역자들은 대부분 오순절 계통 신학교 출신 사역자들과 함께 일하고 있다.

그래서 필자는 그동안 브라질에서 신학교를 졸업한 한국 학생들을 격려하며 한국과 미국에서 재교육을 받고 돌아와 사역할 수 있도록 권고하였다. 1세 중심의 교회는 한국의 순교적 신앙 위에 세워진 교회에서 신앙의 뿌리를 내린 분들이 브라질 디아스포라 한인교회의 주축을 이루었기에 복음주의 신앙을 유지하며 선교하는 교회가 되기 위해 애쓰며 예배당을 세우고 인재를 양성하고 기독교 문화를 형성하며 현지사회 영역을 펼쳐 갔다.

2. 이민 교회들의 변질

브라질 교포들의 생활이 점점 나아지면서 경배와 찬양, 각종의 제자양육 프로그램, 각종 이벤트성 평신도 프로그램들이 활개를 치며, 불건전한 신앙 운동이 들어와 교회 중심의 신앙 노선을 붕괴하고 편리주의 신앙, 우리끼리 행복하게 주 안에서 놀고먹고 즐기자는 개인주의 빛 쾌락 중심의 신앙 운동이 펼쳐졌다. 기복주의 신앙과 물질축복이 하나님의 축복이라는 물질 만능 주의가 판을 치는 가운데 교회는 점차 영적 생명력이 약화되어 가면서 목적과 가치관이 변화가 이루어져 세상만도 못한 교회가 되어 가고 있다.

대부분 교회의 관심이 세상 속에 있는 잃어버린 영혼이 아니라 부가가치가 큰 물질에 관심이 더해갔다. 성령 충만한 가운데 믿는 자의 수가 더해가는데 큰 기쁨이 있던 교회의 본래의 모습을 잃어버리고 교인 수 = 많은 헌금이라는 공식이 적용될 뿐 아니라 헌금을 많이 내는 이가 탈세를 했든, 사회악을 조성하는 일에 앞에 서 있든지 상관없기에 고액 헌금을 낸 이들 중심의 교회 운영이 자랑스레 전개되고 있다. 이것이 한국 교회의 현실이요, 브라질 교포 교회 현실일 뿐 아니라 브라질 현지인 교회들 안에 나타나는 현상들로 말제지말의 모습이다.

3. 브라질 GMS 신학교의 커리큘럼의 변화

  브라질 지부 공동 사역인 현지인 신학교 사역에 변혁을 시도하였다. 지부 공동 신학교를 지부 전체의 의견과 달리한 한 사람이 신학교 건물을 차지하면서 부득이하게 신학교를 진행하면서 한 선교부 내에 두 개의 신학교가 생기지 않도록 학점제 주말 신학교를 시작했다. 학점제 신학교는 한 달 안에 한 과목을 20시간 집중적 학습하도록 하였다. 가르치는 교수가 미리 강의안을 준비하여 쉽게 공부할 수 있도록 하였고 조직 신학, 성경 신학, 역사 신학, 헬라어, 히브리어를 기본적으로 가르치되 특별히 실천신학은 브라질 현지인 교회를 성공적으로 목회하는 전문 사역자 전도학은 어린이전도협회가 집중 교육 후 동협회서 주는 자격증을 받게 했으며 교회 음악도 전문인들로 하여금 이론보다 사역장에서 바로 사용할 수 있도록 하였다. 함께 전도하며, 함께 기도하고, 함께 주일학교를 인도해 보므로 지도력을 향상시키고 졸업 후 2년을 의무적으로 현장에 나가 실행하고 자기가 실습한 전문 사역을 소논문을 제출한 사람에게 목사 고시를 치르게 하고 있다.

4. 날짜 변화 - 매일 신학을 주말 신학으로

  상황에 따라 매일 신학을 주말 신학으로 하였는데 브라질 문화와 상황에 적절한 방법이며 학교 운영에도 큰 도움이 되고 있음을 깨닫게 되었다. 홍보하지 않아도 GMS 장로교 신학교라는 간판만 보고 오순절 계통의 교회를 비롯해 성결교, 침례교, 감리교 그밖에 목회를 소망하는 직장인들이 들어오고 있다. 경찰 간부, 변호사, 계리사 등 좋은 직장을 가진 신앙인들이 열심히 수업을 받고 있으며 브라질 성결교단 지교회에서 시무하는 현지인 사역자들 위탁 교육을 의뢰해 와서 4년 또는 5년의 과정을 마친 졸업생들이 동 교단 마나우스 노회에서 목사 안수를 받게 돼 6명의 목사를 배출하였다. 날짜의 변화가 가져온 열매이다. 날짜의 변화는 소명 받고 사명에 충실한 신실한 일군들에게 자비량하며 수학할 수 있는 기회를 줄 뿐 아니라 타 교단 사역자들이 사역에 충실하면서 자질 향상과 자격을 부여하는 기회가 되고 있으며 실력 있는 교수 채용과 학교 운영 자금의 부담을 줄이고 있다.

5. 학위 중심에서 자격증 중심으로 변혁

브라질 GMS 신학교는 학위 중심에서 균형 잡힌 성경 공부와 함께 자격증을 많이 가질 수 있는 학교로 점점 시스템을 바꾸어 가고 있다. 성경 교사 자격증, 어린이 선도사 사격증, 통역사, 번역사, 영상 선교사, 회계사 등 전문인 영역을 개발하고 어디를 가나 인정받을 수 있는 교육을 실시한 후 자격을 부여할 수 있는 일을 시작하였다. 의외로 반응이 좋으며 열심을 내어 배우고 있다. 가정교회를 인도하며 자립의 기반으로 성경을 가르치며 전도 위주의 사역을 할 수 있도록 학교의 변혁을 추구하고 있다.

6. 남미 아태아대학원 성경 대학교

성경만을 가르치는 성경 대학교를 설립하려고 준비하고 있다. 함께 성경을 연구하고 배우고 가르칠 수 있는 성경 실력을 갖추게 됨으로써 구원받은 하나님의 자녀로서 성경 안에서 인생을 발견하고 올바른 예배자가 되고 목회자와 선교사가 될 수 있도록 성경만을 가르치는 과정을 만들고자 한다. 목회자가 아닌 전문인 성경 교사(각 성경마다 교사증 예: 마태복음 교사)와 가정 사역자를 배출하는 목적이 있다. 성경을 읽고, 쓰고, 함께 성경을 연구하며 각 권마다 책자로 만들어 학교와 가정에 보관할 뿐 아니라 자기가 가르치는 교재로 활용할 수 있도록 하기 때문에 성경 20권의 책을 만들면 성경학사, 40권의 책을 만들어 교재로 쓸 수 있으면 성경 석사, 66권 신구약 전권을 만들면 성경 박사를 주는 학교를 만들기를 꿈꾸고 있다.

한국교회에 바라는 변혁과 갱신

이제 우리 교단총회 GMS 선교회는 세계 각처에 흩어져 사역하는 선교지 사역들을 점검하고 바른 신학 안에서 건강한 신앙 생활을 회복하는 운동을 펼쳐야 할 때라고 본다. 세계 모든 교회와 선교 사역지는 부패한 사회와 교회에 소금과 빛으로 들어가 그리스도의 생명으로 충만하게 만들 수 있도록 함께 회개하고 성령의 기름 부음의 역사가 일어나도록 주님께 부르짖어야 한다.

브라질을 비롯한 남미 더 나아가 세계 사회 구석구석에 뿌리를 내리고 있는 세속화와 쾌락주의와 물질 만능 주의를 앞세우고 라오디게아 교회처럼 뜨겁지도 차지도 않게 하려는 사탄과 악한 마귀를 향하여 전쟁을 선포하고 온 세상에 나아가 아버지와 아들과 성령의 이름으로 세례를 주면서 분부한 모든 것을 가르쳐 지키게 하여야 한다고 본다.

각 나라와 종족, 다양한 문화와 사회 모든 영역에서 오직 하나님만이 영광을 받으시도록 해야 한다. 그러기 위해서는 본 교단 총회에 소속된 선교사인 나 자신부터 반성하고 올바른 신학의 정체성을 회복해야 한다. 한인 선교사들의 신학은 성경이 우리의 신앙과 삶의 유일한 표준임을 믿고 개혁주의 신앙의 핵심인 오직 성경, 오직 그리스도, 오직 믿음, 오직 하나님의 은혜, 오직 하나님께 영광을 돌리므로 교회의 정체성을 회복하는 것이 혁신이라고 생각한다.

논의할 부분:
 * 우리는 지역의 상황과 문화를 얼마나 이해하고 있나?
 * 지방학 연구의 필요성을 느끼는가?

마지막으로 우리 교단에 속한 교회를 비롯한 한국교회에 바라는 변혁과 갱신을 조심스럽게 말씀드리고자 한다.

1. 신학교의 구조 변경

신학교 총장은 한국교회를 섬기고 마지막 한 텀을 선교지에서 사역을 한 분이나 선교지에서 20년 이상 사역을 하고 한국교회를 섬긴 준비된 사람을 세울 수 있기를 바란다. 최근 총신대학 사태를 보라!

영성과 지성 그리고 야성을 가진 준비된 지도자가 교단 신학교를 섬기면 참된 그리스도의 일꾼을 양육하고 훈련하여 배출하면 한국교회는 든든히 세워질 줄 믿는다. 또한 신학교 교수도 시니어 선교사들 중 훌륭한 인격을 갖춘 실력 있는 분들이 학교 내에서 가르치고 학문을 연구하며 좋은 책들을 쓸 수 있도록 기회를 주시기 바란다.

2. 한국교회의 인식의 변화

선교는 교회가 수행하여야 할 영광스러운 임무요 사명이다. 예수님께서는 그의 제자들과 모든 성도들에게 복음을 전파하라고 명령하셨다. 복음 전파는 해도 좋고 하지 않아도 좋은 종류가 아니다. 반드시 행해야 하는 모든 교회를 향한 지상명령이다.

그러므로 교회는 무엇보다도 선교에 목적을 두고 주력해 나가야 된다. 한국교회는 평신도의 역할을 과소평가 하지 말고 세계 각처에 나가 비즈니스 활동을 하는 평신도들이 그 지역에 파송되어 나가서 사역을 하는 선교사의 사역에 힘을 실어 줄 수 있도록 선교에 대한 이해와 성경 실력을 향상시키고 받은 은사를 따라 선한 청지기같이 봉사할 수 있도록 기회를 주고 장을 만들어 주며 사명을 감당할 수 있도록 용기를 북돋우어 주며 동기부여의 기회를 주기 바란다.

3. 광야에 나가 있는 선교사들을 초청하여 강사로 세워 활용하시기 바란다.

선교사는 타 문화권에 나가 문화 충격을 극복하고 각종의 상황을 몸으로 부딪치며 성령님의 도움을 받으며 승리와 실패를 경험한 사람들이다. 십자가 밑에 나아가 눈물로 기도하며 호소하면서 한 영혼을 구하기 위해 생명을 내건 종들이다 경험에서 깨달은 말씀은 힘이 있고, 살리는 역사가 있다. 3박 4일 또는 한 주간, 한 달 동안 새벽 기도를 인도할 수 있는 복된 사람들이다. 분명히 목회에 시너지 효과가 나타날 것이다. 지금 한국교회는 매우 위태로운 가운데 있다. 언제 어느 시에 교회가 환난, 풍파, 시련을 당할 지 아무도 모른다. 교회와 부자들이 어려움을 당할 날이 석양에 해 기울 듯이 서서히 그림자가 나타나고 있다. 정신을 차리고 신앙 무장을 해야 한다.

4. 과시보다 실제적인 변화를 추구하는 한국교회가 되길 바란다.

이제는 과대포장하고 선전하며 교인들을 선동하는 시대는 지났다. 성도들만 아니라 세상 사람들이 다 안다. 무엇이 진실인지를 안다. 이제 사회 각층 여러 분야에서 그리스도의 빛과 소금의 직분을 발하여야 한다. 초점을 주님께 두고 사람들의 영혼을 주께로 인도하며 우리 모두가 주님의 다스림을 받아야 한다.

맺으며

오늘날 개신교회들의 정체성이 흔들리고 있다. 주께서 빛과 소금이 되라고 명령했음에도 불구하고 사회에 아무런 영향력을 미치지 못하고 있다. 대형 교회의 비리와 성공한 목사들의 오만과 사치와 부패가 드러남으로 교회는 힘을 잃고 사회 속에서 가장 불신하는 브랜드로 목사가 지칭되면서 선교사도 도매금으로 넘어갔다. 그러나 참으로 신기한 것은 선교사나 목사들이 별로 기분 나빠하지도 않을 뿐 아니라 무감각하다. 내 환경과 내 밥통만 건드리지 않으면 별문제가 안 된다는 식이다. 이러한 개인주의 영향으로 오늘의 교회는 끼리끼리 좋으면 그만이라고 생각한다. 그동안 GMS 선교부를 이끌어 나가는 지도부에서 이러한 현상이 느껴지는 것은 정말 슬픈 일이다. 자연히 한국교회와 미국의 교포 교회를 비롯한 이민 교회들에게 선교사는 번거로운 손님이 되어가고 선교 운동은 그 열기가 식어지고 있으며 한국교회에 어두움의 그림자가 드리워지고 있다.

지금 우리 눈앞에 전개되는 사회 전반에 나타난 총체적인 어둠의 현상들은 모두 우리와 함께 사는 사람들에게서 나온 것이다. 한국 및 브라질을 비롯한 세계의 대형 교회의 종교 재벌의 실체를 보고 세상 사람들이 분노하고 있다. 교회를 향한 시선이 차갑기만 하다. 브라질도 마찬가지이다. 브라질도 같은 맥락의 문제들이 나타나고 있다. 브라질 개신교를 대표하는 대형 교회들의 비리와 부정으로 말미암아 교회를 향한 사회의 시각이 따갑기만 하다.

오늘의 교회와 신학교는 이 문제를 안고 고민해야 하겠기에 발제 안으로 내놓았다. 많은 무리들이 대형 교회에 몰리는 것은 그만한 이유가 있다.

브라질을 비롯한 남미에 파송 받아 사역을 하는 선교사는 지역 신학교 및 선교 사역의 발전을 위해서는 현실을 직시하고 미래를 바라보며 하나님의 선하시고 온전한 뜻이 무엇인지를 알아야 한다. 그러나 분명한 것은 과거와 현재 그리고 미래에 일어나는 모든 현상은 사람들의 사는 이야기요, 사람들의 모임인 교회와 사회에서 일어나고 있는 이야기이다.

서구 전통 교회의 바톤을 받아 식민 정책과 함께 이 땅을 밟은 천주교 종주국으로 시작된 브라질은 유럽에서 그대로 옮겨왔다. 백성들의 억압과 빈곤, 불평등으로 인한 아픔과 고통 속에서 부르짖는 음성에 기울인 해방 신학이지만 현실적인 문제에 가까이 다가가지 못하고 정치적 해방을 주장하고 참여를 강조한 해방 신학자들을 브라질 백성들은 따르지 않았다. 그리고 신은사주의 운동과 번영 신학을 채택한 오순절 계통의 교회를 택한 상황을 살펴보았다.

브라질은 세계 각 나라와 족속들이 들어와 세운 디아스포라 교회이다. 기층 문화인 리베리아 반도 문화, 아프리카 흑인 문화, 이 땅의 원주민인 인디오 문화 위에 이민 문화가 덧칠되어 다양한 문화를 이루며 살고 있다. 이들에게 주님의 지상명령을 좇아 복음 전파의 사명을 다하려면 해방 신학도, 신은사 운동도, 번영 신학도 알아야 되지만 전통 교회의 변질에서 유래한 교회 역사를 무시해서는 안 된다. 1988년도에 중남미 전체 대륙선교대회인 COMIBAM 선교대회의 주역들이 지금까지 중남미 선교를 꾸준히 이끌어 가고 있다. 이들은 통전 신학과 선교의 중요성을 강조하며 지금도 길이요, 진리요, 생명이신 예수님만이 문제의 해답이며 오직 우리의 살길은 오순절 이후 2천 년이 지난 후에도 여전히 효과가 있는 회개와 성령 체험이다.

지금 우리가 소속되어 있는 교단 총회 산하 교회를 비롯한 세계 교회가 정체 또는 침체되고 있다. 브라질 오순절교회 역시 교회 성장이 멈추어 지고 있다. 여기에는 교회와 교회를 섬기는 사람들이 변질되어 하나님께 영광을 돌리지 못하고 있기 때문이다. 성령 체험이 없는 교회는 단지 역사 속에서 무능력만을 지속시킬 따름이다. 이제 예수교 장로회 총회 GMS 선교부는 교단 운동이 아닌 사도행전에 나타난 성령의 역사가 나타나길 소원해 본다. 본 교단 예수교장로회 선교사들이 다 성령 충만함을 받고 저마다 선교 사역을 뜨겁게 펼치어 나감으로 북미와 남미를 비롯한 세계 만방에 흩어져 사역하고 있는 다양한 민족이 어울려 살아가고 있는 브라질과 남미 땅에 성령의 역사가 뜨겁게 나타나길 소원해 본다.

중남미 선교 전략 연구:
다음 세대 리더 발굴 및 훈련과 파송의 중요성과 중남미 선교를 이어갈 MK 및 PK 선교 동력화

2007년 2월 12-15일까지 브라질 상파울루 Prince Tower Hotel에서 중남미 선교 대회를 가진 후[1] 만 10년 만에 2017년 5월 17-20일 브라질 HOTEL FONTE SANTA TERESA에서 GMS중남미선교대회를 가졌다.[2] 이번에 코스타리카에서 세 번째 갖는 모임은 중남미 GMS 지역 선교사들이 자체적으로 필요에 의해서 모였다는 데 큰 의미를 들 수 있다. 최근에 브라질에서 모인 선교 대회에서 우리가 깨닫게 된 것은 다음과 같이 정리를 할 수 있다. (2017. 5. 17-20 브라질에서 진행한 중남미선교대회)

1) 전방 개척 교회 사역의 필요성- 아직도 종족과 백성들이 사는 중남미 지역에 속해 있는 수많은 나라에 GMS 선교사가 단 한 명도 없는 곳이 많다는 사실을 발견하였으며,

---

1) 2007년 2월 12-15일 브라질 상파울루 Prince Tower HOtel에서 "새로운 발돋음, GMS라틴 아메리카 선교"란 주제로 중남미선교대회를 진행하였다. 대회장 GMS이사장 이춘묵 목사 준비 위원장 브라질 지역 대표 강성철 선교사 대회 참석자는 13개국 69명의 선교사들이 참석
2) 2017년 5월 17-20일 브라질 Hotel Fonte Santa Teresa에서 "복음의 횃불을 들라" 주제로 열렸다. 대회장 김찬곤 목사(GMS이사장), 준비 위원장 조운제 선교사(중남미 지역장. 코스타리키), 이종원 선교사(브라질 지부장)

2) GMS 본부와 GMS 소속 중남미 선교사들이 본부와의 소통만 아니라 같은 지역 내에 사는 선교사끼리도 소통이 되고 있지 않아 많은 것을 공유하지 못하고 정보도 나누지 못해 어려움이 많다는 사실을 확인하였다.
3) 선교사 각 개인의 선교 후원이 매우 빈약할 뿐 아니라 그나마 대책 없이 일방적으로 파송 교회 후원이 끊어진 선교사들이 많다는 사실과 선교사 개인들의 애로를 본부에 호소하나 속수무책의 GMS 본부의 나 몰라라 하는 정책을 확인하게 되었다.
4) 더 이상 중남미 지역에 선교 지원자가 없으므로 은퇴를 앞둔 시니어 선교사들의 바톤을 이을 선교 동역자들의 필요성을 절실히 느꼈으며
5) 그 대안으로 언어와 문화를 익힌 실력 있는 MK 및 PK 선교 동역자 발굴과 훈련, 파송의 구체적인 대안이 정책적으로 필요하다는 것을 서로 공감하였고
6) 성의 없는 답변과 대책 없는 정책 속에 원론적인 변명을 늘어놓는 GMS 이사회와 밀려진 사무 행정에 눌려 선교사들의 소리에 귀 기울이지 못하고 들어도 대안을 펼쳐나갈 구조적인 제도 속에 갇혀 선교사들의 사역국이 아닌 이사들의 앞에 서서 수종 들며, 갑질하는 몇몇 이사들과 재정적 힘을 가진 이사들의 비위를 맞추며 살아가는 안타까운 한국교회의 현실을 탓할 것이 아니라 현장 속에 사역하고 있는 우리들 스스로 미래 지향적인 대책을 펼쳐나가기 위해 미미하지만 자발적으로 오늘 이 모임에 함께 한 것이다.

본론

필자에게 주어진 과제는[3] "다음 세대 리더 발굴 및 훈련과 파송의 중요성(중남미 선교를 이어갈 MK 및 PK 선교 동력화)"이다.

1. 성경에서 본 1세와 1.5세, 2세들의 선교적 관계

선교는 오직 성령이 임하심을 받은 사도들과 신자들이 예루살렘과 온 유대와 사마리아와 땅 끝까지 가서 모든 족속으로 제자를 삼아 아버지와 아들과 성령의 이름으로 세례를 주고 주님이 분부한 모든 것을 가르쳐 지키게 하는 것이다(행 1장 8절, 마 28장 19-20절).[4]

예수 그리스도께서 세운 열두 사도들은 모두 유대인들이었다. 그들은 먼저 동포들을 전도했다. 이 시기가 행 1-12장에 기록된 대로 사도 베드로와 요한이 주도한 기간이다. 사도행전 2장에 기록된 대로 오순절날 성령이 오셨다. "하늘로부터 급하고 강한 바람같은 소리(행2:2)"의 표적이 있었고 성령의 권능을 받고(행 1:8) 베드로가 설교하니 세계 각처에서 모인 사람들 중 3천 명이 세례받고 기독교인이 되어 120명으로 시작한 예루살렘교회 안으로 들어왔다. 그 후 3천 명이 5천 명으로 교회가 성장하였다.

이때 집사 빌립이 사마리아에 가서 복음을 전하며 선교하였다. 신자들이 모이자 예루살렘교회에서는 사도들을 파견하여 교회를 세웠

---

3) 2017.10.26. GMS중남미 지역장 조운제 선교사로부터 받은 과제
4) 선교는 성령이 함께하실 때 가능한 것이다. 강성철 논문 "브라질 디아스포라 한인교회 선교 전략 연구" p. 9

다. 교회가 왕성해 갈 때, 사도행전 1장 8절의 명령을 따른 선교 수행보다는 조직의 방대함 속에 갈등을 해결하기 위해 집사를 세우고 사역을 나누어 문제 해결에 힘을 기울였다. 선교 명령보다 예루살렘교회 부흥에 힘쓸 때 교회 핍박이 일어났다. 스데반의 죽음을 기점으로 대박해가 시작되었고 선봉에 선 사울의 핍박으로 말미암아 구브로와 안디옥 등지에 디아스포라 교회가 서게 되었다. 그런데 흩어진 평신도들에 의해 세워진 디아스포라 안디옥교회가 사도행전 1장 8절의 선교의 사명을 감당하게 된다. 안디옥교회는 바나바와 바울을 선교사로 파송한다. 그리고 이들은 선교 여행을 통해서 가는 곳마다 교회를 세웠다. 주의 깊게 살펴보면, 문맥상 뚜렷이 드러나는 것은 이것이 두 사람의 개인적 사역이 아니라 안디옥교회가 이 두 사람을 통하여 광범위한 로마 제국 각처에 교회를 세웠다. 1세대 교회인 예루살렘교회나, 1.5세와 2세대, 그리고 이방인들이 함께 세운 안디옥교회나, 똑같이 예수님의 지상명령인 선교를 수행하였고, 성령의 권능으로 날마다 복음을 전파함으로써 새로운 신자들을 낳고 각 지역에 교회를 세워갔다.

여기에서 주목할 점은 교회적 사명 수행 과정 중에서의 세대 간 역할이다. 예루살렘교회는 1세대 교회로 선교 사역은 사도 베드로와 사도 요한이라는 1세대 사도들에 의해 진행되었다(행 1-12장 참조) 반면 안디옥교회는 2세대 교회로 그 선교 사역은 바나바와 사도 바울이라는 2세대 사도들에 의해 주도되었다. 1세대 선교를 주도한 베드로와 요한은 둘 다 유대에서 태어난 유대인이었다. 이들은 "예루살렘과 온 유대와 사마리아"가 선교 대상지였다. 반면 광활한 로마 제국 곳곳을 무대로 한 2세

중남미 선교 정보 및
미래 선교
전략적 방향

    2018년 GMS 세계선교대회 세계선교전략회의가 화성 GMS 본부에서 열렸다. "Global Bridge"란 구호를 큰 마당을 마련하였다. GMS 중남미 지역 선교전략연구소[1] 소장으로 명을 받고 이 대회를 참석게 되었다. 중남미는 더 이상 선교지가 아니라는 일부 선교 학자들의 말과 함께 한국교회의 선교 열정이 식어가고 재정적인 어려움이 겹치니, 지역적으로 멀고 경비가 많이 드는 중남미 지역은 선교를 지원하는 교회도 줄고 선교사 지원자도 없어 아직까지 접촉하지 못한 미전도 족속은 엄두도 못 내고, 현재 사역을 하고 있는 시니어 선교사들의 사역을 이어 갈 선교사가 없어 난감한 상태에 처해 있다. 2018년 GMS 세계선교대회가 중남미 선교지와 한국교회 및 미국교회를 잇는 교량 역할을 할 수 있는 진정한 기회가 되길 바란다.

    GMS가 중남미 지역 선교부와 지역 위원회(파송 교회) 그리고 한국교회가 연합하여 주님께서 기뻐하시는 선교 전략 매뉴얼을 만들어야 한다. 건강한 선교를 하려면 Global Bridge(열방의 통로) 즉 다리 역할을

---

[1] GMS 중남미 선교전략연구소는 2017년 GMS 11월 20-24일 코스타리카 중남미 선교전략회의에서 라틴 선교전략연구소를 세우기로 결의하고 8개 지부(멕시코. 중미. 페루. 아르헨티나. 파라과이. 볼리비아. 브라질 남부. 브라질 아마존 지부)의 추대를 받아 GMS 본부로부터 세계선교전략연구원(원장 심창섭) 중남미 선교전략연구소장으로 임명 받음

대 선교를 주도한 바나바와 바울은 유대 밖에서 태어난 유대인들이었다. 행 4:36에 의하면 바나바는 구브로에서 태어난 레위인이고, 행 21:29에 의하면 바울은 다소에서 태어난 유대인으로 소개한다. 이들은 "땅 끝"이 선교 대상지였다. 그들의 사역이 더 이상 유대인 밀집지역으로 국한되지 않았기 때문이다.

여기서 주목할 것은 2세들에 대한 1세대의 영향이다. 사도행전 4장에서 "바나바"라는 이름은 사도들이 구브로 태생 레위인 요셉에게 붙여준 별명이었다. 또 사울이 회심했을 때 예루살렘교회가 그를 맞아들일 수 있도록 교량 역할을 한 것도 바나바였다. 그 후 안디옥 교회가 서자, 예루살렘교회는 바나바를 목회자로 파송한다. 여기에서 바나바는 1세대와 가까웠음을 알 수 있다.

그러면 다른 2세인 바울은 어떤가?

갈 1:18-19을 보면 그는 예루살렘에서 사도 베드로를 만나고 예수님의 형제 야고보를 만났다. 또 2장 9절을 보면 그는 사도 요한과 친교의 악수를 나누었다.[5] 그도 1세와 가까웠음을 확인하게 하는 대목이다. 바울은 2세대와 가까웠지만 1.5세와도 가까웠다. 바울이 다메섹에서 회심할 때, 그를 결정적으로 도운 아나니아는 1.5세였다. 그는 바울에게 예수님을 만난 것을 증언하라고 선교를 권면한다.

사도행전 22장 16절에 아나니아는 바울에게 "이제는 왜 주저하느냐

---

5) 또 내게 은혜를 알므로 기둥같이 여기는 야고보와 게바와 요한도 나와 바나바에게 교제의 악수를 하였으니….

일어나 주의 이름을 불러 세례를 받고 너의 죄를 씻으라"고 권한다. 이것은 바울이 아나니아에게 영향을 받은 증거이다. 아나니아가 바울에게 권면한 말씀은 사도 베드로가 선포한 복음과 동일하다. "누구든지 주의 이름을 부르는 자는 구원을 받으리라"(행 2:21)

아나니아는 아 복음을 아마 사도들로부터 들었을 것이다. 그 후 다메섹으로 이민을 간다. 그곳에서 사도들로부터 직접 복음을 듣지 않은 2세에게 1세대가 선포한 동일한 복음을 선포한다. 1세대가 전한 것이 1.5세를 통하여 2세에게 동일하게 선포된 것이다. 1.5세를 통하여 복음을 받은 2세 바울은 로마서에서 이렇게 말한다 "누구든지 주의 이름을 부르는 자는 구원을 받으리라"(롬 10:13)

성경에 나타난 1세, 1.5세, 2세의 선교적 관계는 2세대 대표 바울과 바나바와 1세대 대표 베드로와 요한이 친교의 악수를 나누는 친밀한 관계였다.[6] 바나바는 레위인이었기 때문에 아마도 1세대로부터 직접 복음을 들었을 것이다. 그는 사도행전 초반부부터 사도들과 친하다는 것이 기록되어 있기 때문이다. 하지만 바울은 1.5세인 아나니아에게 복음을 처음 들었다. 그리고 나서 예루살렘에 올라가 1세대로부터 복음을 들었을 것이다.

2. 1세, 1.5세, 2세들이 하나 되어 종말에 우리에게 주어진 나머지 과업을 완수해야 한다.

1세와 1.5세와 2세의 정서와 문화의 정체성은 각기 매우 다르다 하지만 이들이 하나 되어 선교 수행할 수 있는 길은 서로의 정서와 문화적 정체

---

6) 여용주(2세) 목사가 제4차 중남미선교신학화 학술대회 때 주제 "성경에 나타난 2세들의 역사와 그들이 미친 영향"을 발표한 내용

성을 공유함으로 이루어진 것이 아니다.

초대교회에 나타난 1세와 1.5세 그리고 2세가 하나 되어 선교 수행을 할 수 있었던 것은 바로 동일한 복음이었다. 즉 하나가 될 수 있었던 것은 같은 복음을 공유하고 나누었기 때문이다. 이것이 예루살렘 공의회에서 1세대 베드로와 2세대 바울이 동일한 결론에 이르게 한 것이다.

> "성경에 이르되 누구든지 그를 믿는 자는 부끄러움을 당하지 아니하리라 하니, 유대인이나 헬라인이나 차별이 없음이라 한 분이신 주께서 모든 사람의 주가 되사 그를 부르는 모든 사람에게 부요하시도다. 누구든지 주의 이름을 부르는 자는 구원을 받으리라 그런즉 그를 믿지 아니하는 이를 어찌 부르리요 듣지도 못한 이를 어찌 믿으리요 전파하는 자가 없이 어찌 들으리요 보내심을 받지 아니하였으면 어찌 전파하리요 기록된바 아름답도다 좋은 소식을 전하는 자들의 발이여 함과 같으니라"(롬 10:11-15)

3. 1.5세 및 2세 선교사들이 복음 전파에 훨씬 유리하다.

성경 역사적으로 보면 예루살렘교회가 중심이 되어 펼친 1세대보다 안디옥교회가 중심이 되어 펼친 1.5세 및 2세대들의 선교가 문화적으로나 지역적으로 훨씬 더 광범위하였다. 2세대에 이르러 드디어 교회 안의 유대인과 이방인이 한 언약 안에서 하나가 된 역사가 일어난 것이다. 이것은 1.5세 및 2세대들이 1세대에 비해 훨씬 더 광범위한 활동을 펼치기가 가능한 문화적, 지역적 상황을 수용하여 복음을 전하기가 쉽다는 것이다. 이들이 당시 로마 제국의 문화와 상황 속에서 태어나 자랐기에 로마 제국 전체를 선교의 무대로 삼을 수 있는 장점이 있었다. 그러나 유의할 것은 1.5세 2세들이 영적 정체성을 확립하였다는 사실이다. 선교에 있어서 가장 중요한 것은 복음과의 관계이다. 1.5세 및 2세대가 선교 정신이 뚜렷하면 올바른 하나님의 선교를 할 수 있게 될 것이다.

4. GMS 중남미 선교 전략 연구에 무엇보다 선행되어야 할 선교 정책은 디아스포라 한인교회들과 더불어 선교하는 일과 MK(선교사 자녀) PK(목회자 자녀) 및 선교 헌신한 1.5세 및 2세 청년들에 대한 중요성 인식하고 이들에 대해 관심을 갖고 정책을 세울 뿐만 아니라 과감한 투자 전략을 세워야 한다는 것이다.

좋은 일꾼들을 발굴해 훈련하고, 중남미 전 지역에 골고루 선교사로 배치하면 중복적 투자를 막게 된다. 그리고 참신한 선교사를 각 지역에 파송하면 효과적인 선교 수행을 감당할 뿐 아니라 저들이 역할과 사명을 잘 감당하므로 주님의 지상명령인 나머지 과업을 완수하게 될 것이

평신도선교사 솔란제를 파송하는 산토아마로 여선교회

다. 그러기 위해서는 MK, PK들의 중요성을 인식하고 근본적으로 많은 어려움을 안고 있는 2세들에게 전략적 투자를 하면 저들의 잠재된 능력을 충분히 발휘하므로 좋은 열매를 맺을 것이다.

5. 부르심을 받은 MK 및 PK들이 안고 있는 현실적 상황

그 첫째가 경제적 빈곤이다. 선교사로 쓰임 받기 위해서는 학문적 준비와 선교 훈련에 필요한 자금이다. 둘째는 공간과 시간의 제한이다. 선교지를 떠나 한국이나 미국에서 너무 오랜 시간을 보내야 하며 또 다른 문화 충격을 받으며 살아야 한다. 대부분이 새 가정을 이루고 출발하기 때문에 가족이 함께 공부하러 가기에는 여건이 안되기 때문에 부양의 책임과 가족을 떠나 살면서 오는 복합적인 어려움이 있다. 셋째는 각고의 노력과 수고 속에 과정을 마치고 선교지에 도착하여 선교 사역을 시작할 수 있는 선교 사명의 주체인 보내는 교회가 없다는 것이다. 초임 선교사에게 꼭 필요한 것은 재정적인 후원 및 멤버 케어이다. 그런데 선교 사명의 주체가 될 교회를 찾지 못해 어려움을 겪고 있다. 조국의 교회들이 중남미 지역에 관심을 보이지 않고 있다. 재정적인 부담을 덜어낸 수준에서 협력하는 선에서 그친다. 더욱이 MK 및 PK는 열외자 취급을 받는다. 교파를 초월해서 한국에 선교 훈련을 받으러 간 1.5세 및 2세들이 공통적인 고백은 냉대를 받고 소외되었을 뿐 아니라 선교 대열에서 제외되어 아무런 혜택도 못 받기에 설 자리가 없다는 것이다. 그러기 때문에 조국교회를 기대하지 않는다고 말한다. 그리고 디아스포라 한인교회를 찾으나 역시 실질적인 선교사로 파송을 못 받고 부교역자로 초빙되는 경우가 허다하다. 대부분의 디아스포라 한인교회가 빈약한 교회들인지라 마음은 있어도 구체적으로 현실의 문제를 도울 수 없다. 그렇다고 손 놓고 있을 수 없다. 앞으로 계속 연구하면서 추진해야 할 선교적 과제라 생각한다.

6. 제언

1) 브라질을 비롯한 중남미 각 나라에 파송된 1세대 선교사들은 시니어 선교사들로 후임을 찾고 있으나 지원자가 없어 고민하고 있다. 그런데 감사한 것은 타의에 의해 이민자가 된 낀 세대(1.5세)와 2세대 가운데 목회자로 선교사로 헌신하여 소리 없이 헌신하고 있다는 사실이다. 브라질만 해도 80여 명이 된다. 비공식 통계이지만 중남미 전체에 200명이 넘는 MK 및 PK 헌신자들이 있다. 이들을 선교할 수 있는 정책과 전략이 필요하다.

2) 1.5세 2세와 1세들이 가지고 있는 부정적인 평가와 서로 간의 이해 부족으로 소통되지 못하고 있다. 한국교회는 물론 같은 디아스포라인 미국의 한국인 교회들과도 소통하지 못하고 있다. 문화와 상황이 다르기 때문이다. 교단의 정책과 GMS 지침과 역사적인 전통만을 고집하면 2세들과 함께 일할 수 없다. 성경에 그 답이 있다. 같은 복음과의 관계이다. 성령의 권능을 받아야 한다 그러면 주님의 지상명령을 수행할 수 있는 다음 세대를 이끌어갈 주역이 될 수 있다. 그러기 위해서는 지역선교지 노하우가 있는 우리가 이 문제를 풀어나가야 한다.

3) 1.5세 2세 3세들은 말이 통하고 일도 잘하고 도래하고 있는 4차 산업 혁명의 주체인 스마트폰을 자유자재로 사용하면서 사역자의 길을 걷고 있다. 그러나 헌신도가 약할 뿐 아니라 진성성이 약하고 복음과의 관계가 희미하다. 그래서 1세에 비해 존경과 신뢰를 받지 못하고 영향력이 약하다. 선교지에 꼭 필요한 재정적인 힘이 약하다.

4) 그렇지만 브라질 및 중남미 지역 선교의 내일은 밝다고 본다. 그 이유는 디아스포라 한인교회가 선교적 꿈과 비전을 갖고 있기 때문이며, 모든 면을 갖춘 선교적 자원인 2세, 3세들이 헌신하고 있기 때문이다.

5) 이제 GMS 선교 본부는 지역에 크게 힘을 실어주어야 한다. 과감한 선교 투자 전략을 세워 집행해야 된다고 본다. 특히 선교에 헌신한 학자들을 발굴 훈련 파송하되 2세, 3세들 가운데 성령의 능력과 권세를 입은 리더를 세우기 위해 계속하여 연구 개발해야 한다.

맺으며

4차 산업 혁명이 시작되면서 세상 사람들의 목적과 가치관과 의식 구조가 바뀌어 가면서 국가와 사회 체제가 붕괴되고 이전에 잘 나가던 직업들이 사라져가고 새로운 물결이 쓰나미 현상을 이루며 물밀듯 밀려오는 현시점에서 문화와 상황을 어떻게 수용하면서 복음을 전하고, 현실 속에서 신음하며 고통 속에 도움을 간구하는 수많은 이들을 어떻게 치유할까?

하나님 나라의 도래를 기다리며 마지막 시대 마지막 구간을 책임지기 위해 보내심을 받은 우리들이 함께 일할 제자를 한국교회에서 기다릴 것이 아니라 우리와 함께 한 MK(선교사 자녀)와 PK(디아스포라 목회자 자녀) 가운데서 발굴하고 양육하고 훈련하여 주님의 지상명령을 수행하며 하나님 나라를 확장해 나갈 동역자를 만들기 위해 함께 기도하면서 후히 주시고 누리게 하시는 하나님께 지혜를 구해야 할 것이다.

하려면 중남미에 대한 전반적인 이해가 필요할 뿐 아니라 한인 선교사의 역할에 대한 전략적인 이해가 필요하다고 본다. 중남미 선교의 중요성을 알기 위해서는 중남미에 대한 역사적, 지리적, 인종적, 언어적 및 문화와 종교적인 내용을 알아야 한다고 본다. 필자는 중남미 선교의 과거와 현재를 간략히 알아보며 중남미 선교 미래의 전략적인 선교의 방향을 제시해 보고자 한다.

"Global Bridge" 역할을 하려면 중남미에 대한 전반적인 이해 필요

1. 중남미 역사 구분

중남미 역사는 크게 5기로 나눌 수 있다. 고대 문명 시대, 식민 시대, 후식민지 시대, 군부 통치 시대, 민선으로 바뀐 현대 시대로 나눌 수 있다.[2]

* 고대문명 시대

콜럼버스가 신대륙을 발견한 이전에 중남미에는 고대 문명이 자리 잡고 있었다. 크게 나누면,

아즈텍(THE AZTECS) 제국 - 14세기 중앙 멕시코 고원 지대에 세워짐
마야(THE MAYA) 제국 - 4-8세기 유타칸 반도(남부 멕시코와 과테말라)
잉카(THE INCA)제국 - 15세기 안데스 지역에 세워짐.

그밖에 아마존 유역에 인디오 원주민을 비롯한 오육백의 종족과 문화가 형성되어 있다

---

[2] 브라질 역사는 네 시대로 구분한다. 식민 시대, 왕정 시대, 군사 공화 시대, 민선 시대로 나누지만 Daniel N. Choe 박사는 중남미를 5기로 나누었다. 최남용 선교사는 과테말라 SETECA 신학교 교수로 사역하고 있다.

* **식민 시대(1492-1821년)**

콜럼버스의 신대륙 발견은 스페인, 포르투갈을 비롯한 유럽의 강대국들이 몰려와 신대륙을 무력으로 침략하여 식민화하도록 만들었다. 큰 대륙을 점령한 유럽 국가들은 서구 유럽의 기술과 문명을 보급했고, 교육을 통해 유럽의 언어를 익히게 하면서 복음화 운동을 펼쳤다. 한편으로 그들은 고대 문명인 원주민 문화를 파괴하였고, 원주민의 착취와 함께 피를 섞어 혼혈족이 되게 했으며, 유럽의 질병을 전염시켜 면역력이 약한 수백만 명의 원주민들이 죽어가게 만들었다.[3]

* **후 식민지 시대의 Caudillo 독재 시기(1824-1930년)**

후 식민지(post-Colonial) 시대라 명하는 이 시기는 독립 전쟁을 이끌었던 Criollo들이 섭정 또는 독재하면서 다스렸던 시기 Criollo들 까우디요(Caudillo, 영어로는 Strong men)들[4]의 독재로 다스리는 시기이다. 멕시코의 San Ana, 알젠틴의 Juam Manuel de Rosa, 파라과이의 Francia Carlos Antonio Lopez, 베네수엘라의 Jose Antonio Paez 등 스페인어권 라틴 아메리카 모든 나라가 20세기 중반까지 독재자들의 통치를 받는 시기이다.

* **군부 통치 시대(1930년 이후 1980년대까지)**

베네수엘라와 콜롬비아를 제외 한 모든 나라에 군사 정권이 들어서게 되었다. 이 시기를 군부 통치 시대라 명하는데, 1950년대 냉전 시대

---

3) 정복과 식민의 시대(THE CONQUEST AND COLONNIZATION1492-1821)라고 불리는 이 시기는 평화롭게 살던 고대 문명지를 파괴시키고 수많은 종족들을 진멸시켰다.
4) 백인이지만 스페인이나 유럽이 아닌 신대륙에서 태어난 스페인 후예들, 즉 신대륙에서 태어난 유럽 2세 및 3세

쿠바공산혁명(1950년) 등 무장한 군부가 군사 정권을 수립하고, 권위주의 체제를 갖추어 안보와 경제 성장 구조 개혁을 함으로써 중남미 전 지역이 개발되고 풍요 속에 평화와 안정을 목표로 중앙 집권적인 군부 통치 시대를 가져왔다. 성공한 나라가 칠레의 피노체 정권(1973-1990)이다. 그러나 냉전 시대 군부 통치 기간 많은 인권 유린과 독재가 있었고, 또 비전문가들에 의해 비효율적인 경제 정책(예: 국유화)으로 IMF 사태를 맞이하게 되었다.

* 민선을 통한 현대 시대(1980-현재)

중남미의 군사 정부는 대체로 억압적, 배제적 구조 때문에 정당화의 문제를 안고 있었다. "브라질의 기적"이 끝나면서 연이은 오일 쇼크와 세계 경제의 침체, 외채 위기는 군사 정권의 정당성을 더 이상 주장할 수 없게 되었다. 민주화 군인들이 공산주의로부터 나라를 지키겠다는 소위 National Security Theory로 무장된 군인들이 병영으로 돌아가는 민선 시대가 시작되었다. 이때 가이젤(E.Geisel)과 피게레이두(J. Figueiredo)는 감압 정책(decompressao)과 개방화(abertura)를 추진하였고, 이로써 완만하지만 민주화로 이행하게 되어 브라질은 1985년 야당 후보 땅끄레도 네비스(T.Neves)가 대통령으로 당선되었다. 아르헨티나의 경우 군부는 경제 위기로 증폭되는 민주화 요구를 말비나스 전쟁[5]으로 완화시키려 했으나 전쟁에서 패배함으로써 군부의 위신이 실추되었고 1983년 알폰신의 승리로 민주화가 이행되었다. 신자유주의의 제도화

---

5) 말비나전쟁은 1982년 4월 2일 아르헨티나가 자국과 가까운 포클랜드 섬을 회복하겠다고 선언하며 침공한 전쟁이다. 이 전쟁은 2개월 만에 아르헨티나군의 항복으로 종료 되었다. 이로 인해 갈티에리의 군사 독재 정권이 실각하게 된다.

에 성공했던 칠레의 피노체트 정권도 남미 민주화의 도미노 현상으로 1990년 남미에서 가장 늦게 민선 정부에게 권력을 이양했다.

2. 중남미의 나라의 모든 지역은 선교 영역

중남미 전체 지역은 세 지역으로 구분한다. 라틴 아메리카 구역 국가, 중미 국가, 서인도 제도 국가로 나눈다.

* 라틴 아메리카(Latin America)는 스페인어나 포르투갈어를 사용하는 19개 나라로 구성됨을 원칙으로 한다. 오늘날에는 Belize(스페인어. 영어 사용), Surinam(네델란드어 사용), Guyana(영어 사용), French Guiana(불어 사용), Falkland Islands(영어 사용)를 포함하여 24개국으로 구성된다.
* 중미(Central America) 국가는 전통적으로는 과테말라, 온두라스, 니카라과, 엘살바도르, 코스타리카 5개국을 말하였으나 오늘날은 파나마와 벨리체를 포함하여 7개국을 의미한다.
* 서인도 제도(Caribben 해) 국가는 중미 지역과 남미 지역에서 제외되어서 카리브해 국가 군으로 일반적으로 분류되는데, 12개의 독립국과 10개의 도서 국가들로 구성되어 있다. 이들 세 지역 국가들이 선교 전략적인 관점에서 "중남미 지역"으로 호칭이 됨은 복음 전파가 누락되지 않게 함과 그들 나라에 살고 있는 전 세계에서 이민을 온 이민자들(DIASPORA)과 그들의 자녀들, 유학생들, 상사 및 외교관 직원들 기타 방문객들을 통한 세계 선교를 전략적으로 하기 위함이다. 특별히 중남미 전 지역에 살고 있는 원주민들과 이민자 후손들과 노예로 실

려 온 후손들 모두가 깊은 상처와 함께 자신의 언어와 문화와 종교를 간직해 오고 있기에 예수 그리스도의 복음을 받아들이지 않는 모든 사람에게 복음을 전파하며, 모든 족속으로 제자를 삼아 아버지와 아들과 성령의 이름으로 세례를 주고 분부한 모든 것을 가르쳐 지키도록 하며 모든 병과 약한 것을 고치는 선교 사역을 해야 할 선교 영역임을 알아야 한다.[6]

3. 중남미에 사는 인종

선교적 관점에서의 중남미 지역이라 함은 중미를 포함한 라틴 아메리카 24개국과 카리비안 해안 국가 22개국을 합한 46개국을 말한다. Operation World의 2005년 통계에 의하면 중남미 전역의 인구는 519,131,119명으로 나타나 있다 중남미에 사는 인종들을 다섯 부류로 나눈다.[7]

* Euro-American(이민 온 유럽인)은 가장 많은 45.5%를 차지하고 있다.
* Mixed race는 39.1%를 차지하는데 중남미 전역의 9개 나라의 경우가 해당된다. Mestizo는 남미 지역과 Lanino 중미 지역에 해당되는데,

---

[6] Johston. Mandryk의 공저인 Operaltion World(2005년 6판)에는 Latin America와 서인도 제도(Caribbean 해안) 국가를 합하여 46개국(25개 섬나라 포함)으로 표기하고 있다. 전체 면적은 20,537,000Km²(남한의 207배)로 이는 전 세계 육지 면적의 15.1%에 해당된다. 중남미 국가를 세 지역으로(라틴 아메리카, 중미, 서인도 제도) 나눈 것은 지리적인 구분이 아니라 문화적인 구분이라 말할 수 있다. 불란서가 자기들의 영향력을 행사하기 위해 "라틴 아메리카"란 신정치적 개념을 주장하여 20개 나라를 주장한 것이다.

[7] 국립자치대학(UNAM)의 Lizcano 교수와 Latinobaro 연구가 대표적인데 Latinobarometro 연구가 대표자 Lizcano 교수에 의하면, 라틴 아메리카 전체 백인의 퍼센트는 백인이 36.1% Mixed Race(메스티소와 물라토를 각각 30%와 20.3%로 잡아 50%로 잡고 순수한 Amerindian은 9.25%정도 잡는다.

유럽(European)인과 AmerIndian과의 혼혈에 해당된다. 또한 Mulatto는 유럽인(European)과 African 원주민과의 혼혈에 해당된다.
* Amerindian은 10.2%로 중남미 전역에 사는 원주민 인디언을 말한다. 이들은 정복자들의 침략으로 영토를 빼앗기고 노동력을 착취되며 면역력이 약해 그들로 인하여 전염병으로 수많은 사람들이 희생되었다.
* Afro American은 9.1%가 된다. 아프리카에서 중남미 전역으로 노예로 팔려 온 아프리카 후손들이다. 카리브 해안 국가 대부분의 인종이 이에 해당되며, 브라질에 다수가 포함된다.
* Asian은 1.1%로서 동남 아시아인들과 인도네시아인들은 19세기 그들의 영주국인 영국과 네덜란드 속국인 중남미지역에 주로 정착했으며 20세기에 한국인, 일본인, 중국인들은 주로 자발적인 이민자들로 중남미 지역에 정착하였다. 이들 아시안이 다수를 이룬 곳이 Surinam, Trinidad 등을 들 수 있다.

4. 종족과 언어

종족과 언어의 분포를 보면 중남미 46개국 전 지역에 1509개의 종족으로 이루어진 약 5억 2천만 명이 살고 있으며, 이들이 사용하는 언어가 1,183개이고 이들 중에서 신구약 성경 전체 번역이 된 언어는 25개 언어이며, 신약만 번역이 된 언어는 254개 언어가 되며, 성경 단권 (일부분)이 번역된 언어는 200개 언어가 되며, 번역 중에 있는 언어는 249개에 이르고 있다.

5. 종교 분포

중남미 지역의 종교 분포를 보면, 기독교(Christianity)의 인구는

91.7%를 이루고 있는데 그중에 개신교(Protestant 혹은 Evangelical)은 10.6%를 차지한다. 전체 가톨릭 신자는 전체인구 중의 약 80-85%를 차지하고 있으나 그중에서 nominal 가톨릭 신자가 50-60% 이상을 차지한다. 이 부분은 중남미 선교의 중요성을 논함에 좋은 근거가 된다. 회교는 전체 인구의 0.34%로 약 140만 명을 차지하고 있으며 불교는 0.16%로 약 23,000명, 힌두교는 0.13%로 약 894,000명, 유대교는 0.20%로 약 10만 명을 차지하고 있다(Ibid p33 참조).

중남미 지역 현안 문제와 미래 선교 전략적 방향

1. 중남미 지역은 지금도 선교지이다.

선교는 마태복음 28장 19-20절 예수님의 지상명령으로부터 시작된다 "그러므로 너희는 가서 모든 족속으로 제자를 삼아 아버지와 아들과 성령의 이름으로 세례를 주고 내가 너희에게 분부한 모든 것을 가르쳐 지키게 하라 내가 세상 끝날까지 너희와 항상 함께 있으리라" 는 주님의 지상명령을 받아 복음 전파와 가르치고 지키도록 교육하는 일과 모든 질병과 약한 것을 고치는 사역을 하는 것이 선교 사역이다.

중남미 지역은 라틴 아메리카 24개국과 카리비안 해안 국가 22개국을 합한 46개 나라가 있으며 1509 종족으로 이루어진 약 5억 2천만 명이 살고 있으며 사용하는 언어가 1183개나 되는 지역이다.

이 가운데는 한 번도 복음을 접해보지 못한 미접촉 종족이 있는가 하면 태어나서 한 번도 복음을 들어보지 못한 미전도 종족이 그 어느 지역보다 많다. 또한 부모 따라 선교지 문화와 언어를 익힌 MK, PK들이 있고 세계 각처에서 정착하여 살고 있는 현지인 리더들이 있다. 이들 가운데 선교사 후보생을 발굴하고 선교의 꿈과 비전을 심어 그리스도의 제자를 삼게 되면, 무너져 내려가고 있는 유럽과 이슬람권을 비롯한 세계 각처에 선교사로 파송하기에 너무 적합한 지역이 될 것이다. 그러므로 중남미 지역은 지금도 여전히 선교사를 필요로 하는 선교지이다

2. 중남미 지역 선교의 현안 문제 해결

중남미는 계속 변화되고 있는 대륙이다. 아직도 안데스 산맥이나 멕시코의 남부 와하까 주와 치아파스 주, 그리고 게레 주, 페루, 에콰도르, 볼리비아 및 브라질의 광활한 아마존 지역에 수많은 인디오 부족들에게 복음이 필요하다. 물론 과테말라, 온두라스, 엘살바도르 등은 30%가 넘는 복음화 지역이다. 복음화율이 높다고 선교가 필요없느냐? 결코 아니다. 새롭게 대두되는 선교의 필요성들은 길게 설명할 필요가 없는 줄 안다.

한국교회와 선교 단체는 더 이상 선교지가 아니라는 중남미 지역에 대한 생각을 반드시 바꾸어야 한다고 본다. 그렇지 않아도 거리가 멀고 경비가 많이 들고 현실적으로 사역 현장을 드려다 보기가 쉽지 않아 여러 가지 구실로 중남미 지역 선교사 파송을 진행하지 못하고 있으므로 GMS 본부를 중심으로 각 노회 선교부, 각 교회 및 선교 단체 및 선교 지도자들이 의식을 가지고 중남미 지역이 선교지임을 분명히 말해주어야 할 뿐 아니라 선교 전략과 정책이 바로 실시되도록 역할을 해주어야 한다. 이미 다가온 4차 혁명에 주역의 역할을 할 수 있는 중남미 지역의 디아스포라 선교를 개발하고 적극적으로 투자해야 된다고 본다.

3. 차세대 리더의 발굴과 양육 및 파송을 위한 전략과 과감한 투자

중남미 지역은 더 이상 선교사들이 파송되지 않아 시니어 선교사들의 바통을 이어갈 후배 선교사가 없다.[8] 그러나 아직 한국 선교사가 한 번도 들어가 보지 않은 나라가 많고, 1,509 종족 중 아직 복음을 접촉해보지 못한 많은 족속들에게 손을 펼칠 수 없는 실정이다. 그 대안으로 부모 따라 중남미에 정착하여 이 지역에서 교육을 받아 언어와 문화를 익힌 MK, PK들을 비롯한 2.3세 젊은이들에게 선교적 도전을 주어 선교의 꿈과 비전을 가지고 중남미 지역을 책임질 수 있도록 한국교회와 미국 교포 교회가 중남미 지역의 차세대 리더 발굴과 훈련을 위한 과감한 선교 투자 전략을 세울 것을 제안한다.

4. 비즈니스 선교와 디아스포라의 융합한 자비량 선교 전략 연구 개발

지금 전 세계가 경제적 어려움을 겪고 있다. 특히 대한민국의 경제가 어떻게 될지 미확실하다. 국민과 교회가 경기의 어려움을 체감하고 있다. 중남미 선교는 다른 지역에 비해 경비가 많이 들고 거리가 멀어 현장을 제대로 들여다 볼 수 없는 현실이다. 눈 밖에 멀어지면 마음도 멀어진다는 말이 있다. 중남미 선교를 위해서는 경제적 지원이 지속될 수 있는 길을 마련해야 한다.

이 문제를 타개할 수 있는 대안으로 비즈니스와 디아스포라를 융합하여 자비량 선교할 수 있는 대책을 연구 개발할 것을 제안한다. 복음주의 크리스천들이 아직도 많은 가능성이 있는 중남미 지역에 관심을 가지고

---

[8] 아마존 박동실 선교사, 폴타레자 이원길 선교사, 브라질 이홍우 선교사, 파라과이 정금태 선교사, 알젠틴 정현식 선교사 등이 후계자 문제로 고민하고 있다.

펼쳐 나갈 사역을 개발하여 복음 증거를 위해 중남미로 파송된 선교사와 함께 평신도 시니어 선교사들이 네트워크로 연결하여 많은 사업가들이 중남미 지역을 진출할 수 있는 길을 모색하여야 한다. 미래 선교 전략을 세워 많은 기업과 기업가들을 유치하여 지역을 발전시키고 정책적으로 선교 사역을 펼쳐갈 수 있도록 구상하기를 제안한다.

5. 정기 전략 모임을 갖고 지방학을 연구할 수 있도록 중남미 지역 선교 전략 대회를 정기적으로 실시해 주기 바란다.

중남미 지역 선교 전략이 구체적으로 실행될 수 있도록 정기적인 전략 모임을 갖도록 후원해야 한다, 중남미 지역학을 연구하며 중남미 역사와 문화를 공유하고 구체적인 사역에 필요한 선교전략 세우기 위해 정보를 공유할 수 있도록 해야 한다. 그러므로 한국교회와 미국교회에서 시니어들 가운데 선교 비전이 있는 평신도를 동원하여 비즈니스와 디아스포라 융합이 이루어지도록 선교 전략을 세우고 일할 수 있도록 경제적 지원과 함께 참신한 인력을 투자함으로 적극적으로 일이 추진될 수 있기를 제안한다.

맺으며

중남미 지역 선교는 중남미 안에 살고 있는 모든 종족과 각기 다른 언어를 사용하는 사람들에게 복음을 전파하고 제자를 삼으며 열악한 환경을 극복하고 기독교 문화권을 이루며 천국을 소망하며 살게 해야 한다. 한 걸음 더 나아가 세계 각처에서 자의 또는 타의에 의해서 중남미 지역으로 옮겨와 이 땅에 정착하여 살고 있는 크리스천들 가운데 선교사 후보생을 발굴하고 양육하고 잘 훈련하여 예수님의 제자로 삼고 선교사로 세워 자기들의 고향으로 돌아가 무너져 내려간 유럽을 비롯하여 이슬람권 지역인 중동과 아시아와 아프리카 등 전 세계로 복음을 역수출할 수 있는 지역이 중남미지역임을 알아야 된다.

그 예로 현재 브라질 GMS 신학교와 GP남미 선교회 사역을 예로 들 수 있다. 브라질 GMS 신학교는 지금 앙골라, 파키스탄, 아이티, 한국 학생들이 현지어로 현지인들과 함께 수업을 받고 있다. 몇 해 전부터 앙골라에서 온 학생들을 훈련하여 목회자로 세워 앙골라로 파송하고 있다. 얼마 안 있으면 졸업생들이 시무하는 교회들로 구성한 노회를 설립하게 되고, 앙골라에 GMS 신학교 분교를 세울 수 있는 가능성이 보인다. 또한 앙골라 경계 구역에 있는 콩고 지도자들이 분교 설립 신청하러 브라질에 왔다 간 적이 있다. GP 선교회도 현지인 선교 이사회를 구성하여 선교 후보생을 훈련하여 선교사로 세우고 아프리카 모잠비크에 선교사로 파송하고 있다.

바라기는 이번 2018년 GMS 세계선교대회가 중남미 선교의 중요성을 깨닫고 한국교회 선교지도자와 담임 목회자들을 비롯한 조국교회와 미국 교포 교회가 중남미 지역에 대한 인식을 바꾸길 바란다. 선교에 대한 패러다임이 바뀌므로 여러 가지 복합적인 사정 속에 선교하기가 힘든 중남미 지역 선교를 크게 도와 중남미 지역 선교의 시급성을 느끼고 적극적인 전략과 정책을 세워 하나님이 기뻐하시는 선교가 구체적으로 실시되기를 기대한다. 중남미 지역에 성령의 바람이 불어와 선교의 새로운 장이 열리기를 소원해 본다.

V. 선교와 여행

첫 번째 여행
-KIM 창립 20주년 기념
정책 회의 초청

브라질 디아스포라 한인 목회를 하는 첫 6년 동안은 경제적 사정이 여의치 않아 여행할 기회도 갖지 못했고, 마음의 여유 없이 바쁘게 지냈다. 교통사고 후 새롭게 하나님의 선하신 뜻을 깨닫고 마음을 다해 교회를 돌보았고, 그 결과 믿는 자의 수가 점점 많아졌다. 재정 형편이 좋아진 교회는 필자에게 한국을 방문할 수 있는 기회를 주었다. 당회와 제직회가 필자의 한국 방문을 결정하자, 각 전도회와 개인들이 100불, 200불씩 여행 경비를 지원해 주었다.

첫 나들이!
나에게는 감격적인 날이었다. 나는 두 갈래의 길을 놓고 고민하였다. 보고 싶은 부모님이 계신 한국으로 갈 것인가? 아니면 선교지를 돌아보며 선교를 배울 것인가? 이를 놓고 기도하는 가운데 선교를 배우기로 결정했다. 때마침 국제 선교 협력 기구인 조동진 목사가 KIM 창립 20주년 기념으로 인도네시아 발리에서 진행하는 "2천년대를 위한 정책 회의"에 초대해 주었다. 밀레니엄을 10년 앞두고 열린 이 회의 참석으로 필자는 견문을 넓히고 구체적인 선교 비전을 갖게 되었다.

인도네시아로 가는 길에 미국에 들러 윌리엄 캐리 신학교와 선교원을 방문하였다. 신학생들에게서 선교의 뜨거운 열정을 느꼈다. 특히 선교지의 역사와 문화를 미리 공부하는 것을 보고는 필자가 얼마나 생각 없이 도전해 왔었는지 돌아보며 깊이 반성하게 되었다. 기숙사에서 생활하는 학생들을 보고는 풍요로운 미국이지만 신학생들은 가난하고 힘들게 살고 있다는 생각이 들었다. 브라질에서 함께 교제하다가 미국으로 유학 온 김용식, 지덕진, 황은철 도은미 부부 등을 만났다. 참으로 어렵게 공부하는 것을 보게 되었다. 그들은 폐차 일보 직전의 차를 타고 다녔고 방 하나에 온 식구들이 자면서 1달러가 크게 보이는 생활을 하고 있었다. 식당으로 초청해서 고기를 마음껏 먹게 하고 생활에 필요한 것을 살 수 있도록 달러를 조금씩 나누어 주었다.

윌리엄 캐리 신학교에서는 세계 선교 동향을 보았고, 새로운 선교 정보를 접하였다. 미국의 일행들과 함께 싱가포르를 방문하였다. 손중철 목사님의 안내로 OMF와 로잔 선교부를 방문하여 동 선교부의 선교 활동 및 역사를 배웠다.

그리고 인도네시아로 갔다. 인도네시아는 섬나라이다. 1만 8천 개의 섬 중 하나가 발리인데, 인도네시아의 수도는 자카르타이지만 관광 산업 쪽으로는 발리가 수도 역할을 한다. 적도 약간 남쪽에 위치한 발리는 맑고 화창한 하늘과 에메랄드빛 바다가 맞닿아 있는 듯했는데 어디가 하늘이고 어디가 바다인지 구별이 안 되었다. 브라질에도 아름다운 해변이 많지만, 인도양의 태양과 하늘, 바다의 모습도 신비롭고 아름다웠다. 눈망울이 크고 검은 댄서들의 춤은 선정적이었다. 그녀들의 모습을 지켜보고 있자니 나도 모르게 하와를 넘어뜨린 뱀이 연상되었다. 하늘과 땅과 바다에는 우상이 들끓고 있었고, 거리마다 종교적인 색채가 드리워져 있었다.

인도네시아 사람의 90%가 이슬람 교도인데 비해 발리는 90% 이상이 힌두교를 믿는다. 발리는 '신들의 섬'이라고 불릴 만큼 각종 신과 신전들로 거리가 꽉 차 있었다. 그러나 거리에는 "one dollar!"를 외치며 손을 내미는 떼거지들이 넘쳐나고 있었다. 이런 풍경은 그들이 믿는 종교들의 품위를 손상시키는 것처럼 보였다.

선교사는 그 나라의 문화를 분석하고 비판적으로 수용할 수 있어야 한다고 생각한다. 선교지의 문화를 고국의 문화와 비교하고 저울질하면서 자문화 우월주의를 내세워서는 안 된다. 인도네시아에는 화장실에 휴지가 없고 물통과 조롱박이 있다. 휴지를 사용하지 않는다. 한번은 대궐 같은 큰 집에 초대받아 하룻밤을 지내게 되었다. 주인은 우리를 위해서 미국 유학을 마치고 돌아온 딸에게 피아노를 연주하게 했다. 음악을 들으며 진수성찬을 받았으나 수저가 없어 몹시 당황했다. 선배인 서만수 선교사가 시범을 보여주었다. 먼저 물그릇에 손을 씻고 그 손으로 음식을 뭉쳐 먹었다. 진짜 문제는 화장실이었다. 용무를 마치고 아무리 둘러봐도 휴지가 없었다. 물동이와 조롱박밖에 없었다. 비상 상황을 나름대로 슬기롭게 해결한 뒤 주인에게 "어떻게 미개인들처럼 화장실에 휴지가 없느냐?" 물으니, 그는 미소를 머금으며 나에게 "미개인의 기준이 무엇이냐?"고 반문했다. 필자는 "갖출 것을 갖추고 불편 없이 사는 것이 현대인이고, 불편한 것을 모르고 있는 그대로 사는 것이 미개인이 아니냐"

라고 대답하였다. 그러자 주인은 "깨끗하게 위생적으로 사는 것이 문명인이냐? 지저분하게 비위생적으로 사는 것이 문명인이냐?"고 되묻는 것이다. 나는 당연하다는 듯이 깨끗하고 위생적으로 사는 것이 문명인이라고 답했다. 그러자 주인의 반론이 이어졌다. 자기네 사람들은 볼일을 본 다음 물로 깨끗이 씻고 살기 때문에 치질 환자가 하나도 없다는 것이다. 휴지를 사용하는 소위 문명인 중에는 많은 이들이 치질로 고생하고 속옷에 배설물을 묻히고 다니기도 하는 것이 실상이 아니냐고 되물었다. 손으로 음식을 먹는 문화에 대해서도 그럴듯한 이유를 댔다. "음식은 무엇보다도 맛있게 먹어야 하지 않겠소? 그렇다면 수저를 사용하여 먹는 것보다는 손으로 맛을 음미하면서 먹는 것이 훨씬 성경적인 것이라고 생각하는데 내 생각이 틀렸소?"

40일간 선교지 답사와 "88 발리 선교 정책 회의"는 필자에게 새로운 선교 정보를 쏟아 부어주었다. 필자의 첫 번째 여행은 만남과 나눔 속에 제3세계 선교 사역과 선교 지도자 개발의 중요성을 깨닫는 여행이 되었다. 또한 활발하게 활동 중인 서만수, 이은무, 김병선, 안성원, 김종국, 조용중, 임경철, 김익배 선교사 등 많은 분들과 만날 수 있었다. 나아가 초대 중국 선교사인 방지일 목사, 인도네시아 총재 페트로스 옥타비아누스, 일본 안디옥선교회 오쿠아마 미노루, 로잔의 대표 토마스 왕, OMF의 제임스 테일러, 성경 학자 데니스 레인, 그리고 한국이 낳은 선교 지도자 조동진 목사를 만난 것은 하나님의 큰 은혜이었다. 그리고 한국과 미국에서 선교에 관심을 갖고 일하는 고인호, 조천일, 조동소, 이승재사, 이동준, 장경두, 이영희, 서혜은, 박병창, 유용규 목사와 박종호 장로와 교제할 수 있었고 유대 관계를 갖게 되었다.

필자의 첫 번째 선교 여행은 만남 속에서 배움과 도전을 받게 하므로 브라질 선교의 방향을 바로 정하게 해주었다. 현지인들과 함께하는 선교회를 조직하여 타 문화권 개척교회 설립과 학원 선교, 복지 사역, 지도자 개발 등을 구체적으로 진행하게 하였다.

디아스포라
선교 합창단

　브라질 사람들로 구성된 디아스포라 선교 합창단(단장 강성철, 상임 지휘자 최공필)은 국내외적으로 알려진 합창단이다. 상파울루에서 3천km 떨어진 뻬르남부꼬 주의 여러 도시에 소재한 교회들의 리더 및 음악 지도자들로 구성된 합창단이다. 동북쪽 장로교회 중 가장 규모가 크고 오래된 IGREJA da Graça 교회 성가대 지휘자인 최공필 장로가 브라질장로교 100주년 기념 합창대 지휘를 맡게 되었다. 어느 날 최장로로부터 전화가 걸려 왔다. "기독신문을 하시면서 한인교회를 담임하시는 강성철 목사님입니까?" "네 그렇습니다" "저는 헤시피 브라질 교회에 나가 성가대를 지휘하는 최공필 장로입니다. 초면에 실례를 무릅쓰고 어려운 부탁을 하려고 전화를 드렸습니다" "말씀해 보시지요" "다름이 아니라 제가 이번 브라질장로교 100주년 기념 뻬르남부꼬 주 대회의 성가대 상임 지휘를 맡았습니다. 그런데 한국인인 제가 중책을 맡아 합창단을 지휘하려니 어려움이 많습니다. 그래서 단원 여러분들에게 목표를 제시하면 통솔하기가 쉬울 것 같아 이렇게 염치 불구하고 용기를 내어 전화 드렸습니다. 좀 도와주세요" "말씀 하시지요. 무엇을 어떻게 도와 드릴까요?" "이곳에 있는 사람들의 소원은 상파울루에 한번 가보는 것입니다. 상파울루를 시작으로 브라질 전역을 순회하는 선교 음악 여행을 가기를 소원합니다. 혹 도울 수 있으시면 관광버스 한 대를 빌려주실 수 있겠는지요?" "예. 그렇게 하지요" 흔쾌히 대답을 하고 6천 불을 지원해 주었다.

1989년 7월 7일 한인교회 창립 20주년을 맞으면서 "한백선교 음악예배"에 뻬르남부꼬 노회 성가대(48명 참석) 순서를 넣었다. 그런데 이들이 한인교회에 고맙다는 답례로 한국 찬송가 2곡과 메들리로 우리 동요를 불렀는데, 필자를 비롯한 온 교우들에게 소름이 끼칠 정도로 깊은 감동을 주었다. 그 후 한 번 더 초청해 주기를 소원해 1992년 남미 동아(박태순 사장)와 협력하여 상파울루에서 가장 큰 안엠비 대강당을 빌려 "한-브 친선음악회"를 개최하여 2천여 명의 교포들이 함께하였다. 고국을 떠나온 디아스포라 교포들에게 고국의 향수를 달래도록 우리 가곡 12곡과 민족의 아픔이 담겨있는 '오빠생각', '따오기', '꽃밭에서', '나의 살던 고향', '울 밑에 선 봉숭아야' 등을 메들리로 불렀는데 다 함께 노래하며 눈물을 흘리고 감격하였다.

　브라질 사람들이 한국을 알게 된 것은 88올림픽을 성공적으로 치른 이후이다. 최 장로는 "목사님! 세계 여행을 갈 수 있도록 한 번 더 도와주세요"라고 요청했고, 필자는 "그래요, 한번 연구해 보지요"라고 대답했다.

　필자는 지금까지 선교 사역을 하면서 항상 빌립보서 4장 13절 "내게 능력 주시는 자 안에서 내가 모든 것을 할 수 있느니라"는 말씀을 믿고 일한다. 그래서 무슨 일이든지 일단 수용하고 여호와이레 하나님께서 어떻게 준비해 주시는지를 기대하면서 기도한다. 그동안 너무나 많은 경험을 하였기 때문에 조금도 의심하지 않고 추진해 나갔다. 이 방법이 아니면 다음 방안을 생각하고, 또 그것이 안 되면 또 다른 방법을 강구했다. 이때도 이 일을 생각하던 중 하루는 영사관에서 전화가 왔다. 강원용 목사가 브라질 깜포스 죠르덩(Campos do Jordão)에서 진행되는 세계 환경회의에 앞서서 갖는 학자들 모임에 참석하기 위해 상파울루를 방문하니 정부로부터 잘 모시라 통보를 받았다며, 어떻게 목사님을 잘 모실 수 있는지 도무지 생각이 나지 않아 도움을 청한다고 했다. 그러면서 만찬 자리를 총영사 관저에 마련할 테니 필자에게 대화를 주관하여 달라고 요청하였다. 그래서 가까운 동역자 몇 분과 함께 관저에 참석하고 대화를 나누며 의미있는 시간을 가졌다. 며칠 후 브라질리아에 계신 한철수 대사도 호텔 식당에 자리를 마련하겠으니 함께 참여하여 대화를 이끌어 달라 청원하였다. 그래서 자연스럽게 강원용 목사와 많은 시간을 함께할 수 있었다. 필자는 강 목사에게 얼마 전에 개최했던 "한-브 친선 음악회" 테이프를 드리면서, 영상을 보고 가능하면 우리 합창단이 한국을 방문할 수 있는 기회를 마련해 줄 수 있는지 문의했다.

  다음날 강원용 목사는 "다음 달에 정원식 국무총리가 환경회의 때문에 브라질을 방문하는데, 그때 부탁하면 일이 성사될 것"이라고 말했다. 그동안 한국과 미국에서 온 목사들이 큰소리치며 약속했지만 지키는 사람이 별로 없어서 큰 기대를 품지 않았다. 그런데 다음 달 정원식 국무총리가 상파울루를 방문하면서 약속대로 쉐라톤 호텔의 리셉션에 필자를 초대했다. 그리고는 "목사님, 제가 강원용 목사에게 말씀 들었습니다. 무엇을 도와드릴까요?"라고 말하는 것이었다. 이에 필자는 "우리 합창단이 한국을 방문하여 산업 시찰을 할 수 있도록 기회를 주십시오"라고 요청했다. 그러자 정 총리는 그 자리에서 외무부 장관과 비서실장을 불러 "무엇이든지 목사님께서 원하는 것을 도와주세요"라고 했다. 참으로 꿈같은 일이 눈앞에 벌어진 것이었다. 후에 보니 강 목사가 대통령 자문 위원으로 있으면서 추천한 세 사람 곧 강영훈, 한명숙, 정원식 모두가 나중에 국무총리가 되었다. 강 목사는 당시 대통령자문기구 방송개혁위원회 위원장을 8년째 하고 있었기에 그 영향력이 실제로 컸던 것 같다.

뻬르남부꼬 합창단의 세계 일주를 기획하고 있을 무렵, 미국에서 나성한인교회를 담임하고 있는 김의환 목사로부터 전화가 왔다. "강 목사, 목사님이 섬기는 교회가 한인교회이지요?" "네" "우리 교회도 이름이 한인교회인데, 우리 선교적 차원에서 서로 자매결연을 하자." 필자는 은사님이 부탁하신 일이기에 당연히 "네 그렇게 하지요."라고 대답했다.

김 목사님이 미국에서 자매결연 패를 만들어 오셔서 1992년 5월 10일 한인교회와 나성한인교회가 자매결연을 하게 되었다. 그리고 자매결연 기념으로 브라질에 입국한 김 목사님을 강사로 모시고 디아스포라 한인 목회자들과 선교사들을 초청하여 "21세기를 향한 목회자"라는 제목으로 세미나를 진행하였다. 자연스럽게 식사하는 자리에서 필자는 "정원식 국무총리가 우리 합창단을 한국으로 초대해 주었는데 미국에서의 일정을 부탁해도 될까요?"라고 청했다. 김 목사님은 당신이 몸소 준비 위원장이 되어 준비해 주겠다고 흔쾌히 승낙하였다.

선교팀은 한국을 방문하면서 일본도 방문하기를 원했다. 그래서 절친인 여의도순복음교회 박요한 선교 국장과 대화 중에 정 총리로부터 초대를 받아 미국을 들러 한국 가는 길에 일본에도 가기를 우리 선교팀이 원하고 있다고 하니, 그 자리에서 전화를 걸어 일본 동경순복음교회와 연결해 주었다. 이 모든 것은 여호와이레 전적인 하나님의 은혜이었다.

드디어 1992년 6월 29일 뻬르남부꼬 합창단이 선교 음악 여행길을 떠났다. 미국에 도착하여 준비 위원회(위원장 김의환 목사)가 마련한 스케줄을 따라 나성한인교회(김의환 목사), 동양선교교회(임동선 목사), 나성영락교회(박희민 목사), 오렌지카운티 한인교회(양춘길 목사), 중앙일보, 방송국, 나성 흑인 폭동 후 불에 탄 상가 등을 순회하며 찬양과 한국 가곡과 동요를 불렀다. 우리 합창단은 매스컴에 큰 기삿거리로 소개되었다. "미국도 브라질과 같이 현지인과 친밀하게 지냈으면 오늘과 같은 폭동이 일어나지 않았을 텐데…"

그런데 문제가 생겼다. 일본 순회공연이 확정된 교회에 문제가 생겼기 때문에 방문할 수 없다면서 일정을 취소해 달라는 연락이 한국에서 온 것이다. 하지만 이미 항공권을 사놓았기 때문에 갈 수밖에 없는 상황이었다. 급히 값이 싼 유스호스텔에 숙소를 정하고 리무진 버스 한 대를 예약하여 공항에 대기해 줄 것을 부탁하였다. 미국 일정을 마치고 대원들과 함께 기도하면서 나리타공항에 도착했다. 광장에 나가니 리무진 버스들이 가득차 있었다. 어렵사리 우리 차를 찾아내 유스호스텔에 도착했다. 점심으로 도시락을 주문하고 호텔에 비치된 신문을 살펴보니 교회 광고가 나와 있었다. 마침 수요일인지라 예배도 참석할 겸 전화했더니 차편이 있냐고 물어왔다. 대절한 버스가 있다고 하니 참 잘되었다며 한 시간 뒤에 예배를 드리니 오라는 것이었다. 점심 식사를 마치고 우리 일행이 그 교회를 찾아갔다. 그런데 놀랍게도 그 교회가 우리와 약속한 교회였다. 서울 여의도순복음교회와 의견을 달리하게 되어 모든 행정이 보류된 상태여서 일이 그렇게 된 것이라고 자초지종을 설명해 주었다.

예배 시간에 설교와 함께 준비된 찬양과 한국말 가곡, 그리고 동요를 불렀다. 많은 사람이 눈물을 흘리며 일본에서 이민 생활 중 가장 감격적인 날이었다고 고백했다. 특별히 감사한 것은 이름도 모르는 교사로부터 큰 사랑을 받은 일이다. 그녀는 평소 수요예배를 한 번도 참석하지 않았는데 그날따라 이상하게 발걸음을 교회로 인도해 주셨다는 것이다. 예배를 드리면서 찬양을 듣는 가운데 왜 하나님께서 교회로 향하도록 하셨는지를 알았다면서 일본 체재 경비가 어느 정도인지를 물어왔다. 그리고 모든 버스 비용 및 숙소비 일체를 부담해 주었을 뿐 아니라, 일일 관광도 시켜주고, 긴자거리에서 1인당 80불하는 좋은 음식도 푸짐하게 대접해 주었다. 여호와이레 하나님께서 경비가 모자라 큰 걱정을 하며 기도한 우리보다 앞서서 그렇게 돌보아 주셨다.

한국에 도착한 날부터 총신 73회 기도 동지들과 새성복교회 김장수 목사가 대형 버스를 자유롭게 사용하도록 해주었다. 정원식 국무총리가 우리 일행 대표 5인을 삼성 사장, 포항제철 사장, 한철수 브라질 대사와 함께 국무총리실로 초대하였다. 총리는 한국 방문을 환영한다면서 삼성과 포철 사장에게 산업 시찰을 잘할 수 있도록 부탁해 주었고, 충현교회 예배 참석 시 가능하면 함께하겠다고 말했다. 우리는 여의도순복음교회, 충현교회, 광림교회를 비롯한 한국 교회들을 방문하였다. 아카데미 하우스를 방문할 때는 강원용 목사에게 감사한 마음을 전했다. 브라질 한철수 대사도 성대한 리셉션을 열어주었고, 100주년 기념 회관에서 앙코르 공연까지 두 차례 음악회를 가졌다. MBC 방송국은 전국에 방영되는 주일 초청 음악회 전 시간을 우리에게 내주었다.

우리 일행은 정부가 주선해 준 삼성전자, 용인 민속촌, 제일모직, 포항 제철 등 산업 시찰을 하면서 눈부시게 발전한 한국 산업을 돌아보았다. 가는 곳마다 부사장 이상 간부들의 섬김 속에 정성 어린 대접을 받았다. 그 뒤로도 우리는 총회회관, 총신대학, 중앙일보, 판문점, 남대문 시장, 동대문 시장 등을 방문하였고, 돌아가는 길에 홍콩도 2박 3일 경유하여 시티 투어를 하며 광동까지 다녀왔다.

그 후 브라질에 돌아와 뻬르남부꼬 합창단을 "디아스포라 선교 합창단"으로 이름을 바꾸었다. 그리고 디아스포라 선교 합창단의 2차 여행은 미국 동부와 캐나다를 향했다. 필라델피아 영생교회(이용걸 목사) 워싱톤한인제일 참례교회(이동원 목사), 뉴욕퀸즈한인교회(한진관 목사), 퀸즈한인 장로교회(장영춘 목사) 초대교회(이승희 목사), 후러싱순복음교회(이호선 목사) 등에서 선교 찬양 예배를 드렸다. 캐나다 교회 연합회(회장 김사무엘 목사)는 8·15광복절 기념 음악회를 하였다.

디아스포라 선교 합창단의 구성원은 각 교회 성가대 지휘자, 반주자, 음악대학 교수, 의사, 변호사, 공인 회계사, 검찰 총장 등 다양한 직업을 가진 사람들로, 음악에 상당한 실력을 갖춘 브라질 상위 그룹에 속한 사람들이다. 이들 가운데에는 텔레비전에 자주 등장하는 유명 인사들도 있다. 노래만이 아닌 문화 선교 사역을 개발하여 복음을 전파하자는 의미로 재조직되었다. 그리고 정기적으로 고아원 사역, 문화 축제, 한국 기업 브라질 진출 축하 행사 참석(삼성마나우스 공장 개관식) 등이 알려져 상임 지휘자 최공필 장로는 대통령 훈장을 받았다. 2014년 9월 디아스포라 선교 합창단은 뻬르남부꼬 주 한국문화의 날 행사에 한복을 입고 우리 가곡 및 노래를 합창하며 자리를 더욱 빛나게 하였다. 이날 함께했던 세계한민족여성네트워크(KOWIN) 브라질 지부는 2015년 3월 24일 누 상파울루로 한국교육원(원장 오석진)과 함께 한국의 전통 한복 22벌을 기증했다.

브라질 국토 순회 선교 여행
-청소년들과 함께

"세계를 가슴에 품고 라틴아메리카를 무대로 삼고 브라질에서 출발하자"란 구호를 외치며 청소년들과 꿈과 비전을 나누었다. 이들은 부모님을 따라 이민 온 1.5세들로, 한국과 브라질 양국 문화 속에서 정체성의 혼란을 겪는다. 대부분의 청년들이 장기적인 안목으로 삶의 터전인 브라질을 제대로 통찰하지 못한다. 국토 순회 선교 여행은 그러한 청소년들에게 브라질을 탐구하고 모험심을 길러주고 싶어서 기획된 것이었다.

지원한 14명과 함께 누구도 가보지 않은 미개척 지대를 가보는 도전을 시도했다. 여기에는 위험이 있을 수도 있고, 실수도 있을 것이며, 두려움도 있을 것이다. 일주일 내내 세수도 못할 수도 있고, 더러는 굶을 수도 있다. 그러나 새로운 길에 대한 도전은 반드시 새로운 경험을 하게 할 것이 분명했다. 우리는 함께 성경을 공부하면서 바울이 1차, 2차, 3차에 걸쳐 선교 여행을 했듯이 발걸음을 하나님께 맡기고 출발하자고 다짐했다. 바울이 빌립보와 같은 로마의 식민 도시, 데살로니가와 같은 상업 도시, 아덴과 같은 문화의 중심지, 그리고 에베소와 같은 로마 제국의 종교적 중심 도시들을 두루 다니며 복음을 전하며 여행한 것처럼, 우리도 브라질 26개 주, 그리고 수도 브라질리아를 모두 밟으며 복음을 전할 수 있도록 힘과 능력을 주시기를 기도하였다. 청소년들과 다녀온 선교 여행지는 다음과 같다.

* 1차: (남자끼리만) 마또그로스(Mato Grosso) - 깜보그란데(Campo Grande) - 보니또(Bonito)

* 2차: 뻬르남부꼬(Pernambuco) - 올린다(O linda) - 헤시피(Recife) - 마라고지(Marahogı) - 죠엉페소아(João pessoa)

* 3차: 벨로리죤찌(Belo Horizonte) - 비또리아 꼰끼스타(Vıtorıa Conquısta) - 사우바도르(Salvador) - 비또리아(Vitoria) - 리우데자네이루(Rıo de janeıro) - 상파울루(São paulo)

* 4차: 마린가(Maringa) - 론드리나(Londrına) - 포스 두 이과수(Foz do Iguaçu) - 꾸리찌바(Gurıtıba) - 프로리노뽈리스(Florianopolis)

* 5차: 브라질리아(Brasılıa) - 까우다스 노바스(Caldas Novas) - 고이아니아(Goıanıa)

브라질 전역을 밟으면서 세계 각국에서 온 이민자들과 원주민 인디오들, 아프리카에서 노예로 끌려온 흑인들의 후손들을 만나 그들 특유의 음식을 나누면서 복음을 전했다. 초대교회 때 예수님의 제자들이 선교했듯이 살아계신 하나님을 의지하며, 오늘은 이곳, 내일은 저곳으로 순례의 길을 걸으면서 함께 동네 청소와 소독을 해주고 고기를 잡고 농사일을 거들어 주었다. 광장에서는 찬양과 무언극을 통해 복음을 전했다. 삼삼오오 짝을 지어서 전도 훈련을 받은 대로 전도할 때 하나님의 표적들과 기사들, 그리고 여러 가지 능력이 나타났다. 생각지도 못한 사람들이 주께로 돌아왔다.

선교 사역은 사람의 지혜나 수단과 방법에 있는 것이 아니라 하나님께 있음을 알게 되었다. 가는 곳마다 현지인 교회 마룻바닥이나 의자에서 자고, 이 도시에서 저 도시로 이동하면서 버스에서도 잤지만 피곤하지 않았다. 단 한 사람도 건강에 문제가 생기지 않도록 하나님께서 함께하셨다. "세상 끝날까지 너희와 항상 함께하시겠다"고 약속하신 대로 임마누엘이 되셨다. 진정 데살로니가전서 1장 5절 "이는 우리 복음이 말로만 너희에게 이른 것이 아니라 오직 능력과 성령과 큰 확신으로 된 것이니 우리가 너희 가운데서 너희를 위하여 어떠한 사람이 된 것은 너희 아는 바와 같으니라"는 말씀처럼 모두가 하나님의 능력을 경험하였다.

여행길에서 만난 사람들은 참으로 다양했다. 성경에 예수님과 제자들이 전도 여행을 떠나 때 만났던 사람들을 지금도 만나게 된다. 열악한 환경에서 배우고 싶어도 배우지 못하는 사람들, 병으로 인해 죽어가면서도 치료를 받지 못하는 사람들, 귀신들려 고생하는 사람들이 있다. 선교여행에 함께한 청소년들은 그들을 만나면서 불쌍히 여기는 마음, 안타까운 마음, 긍휼히 여기는 마음들을 가졌고, 내가 얼마나 큰 사랑과 축복 속에서 잘살고 있는지를 깨달으며 자존감을 지니게 된다. 또한 왜 내가 공부를 해야 하는지, 왜 돈을 벌어야 하는지, 왜 의사가 되려 하는지를 알게 되고, 꿈과 비전을 갖게 된다. 인생의 목표가 생기게 되는 것이다. 필자는 이것이 "미션"이라고 생각한다.

사도 바울은 한 도시에 도착하면 곧장 회당을 찾곤 하였다. 그리고 회당을 중심으로 전도하며 이미 다른 전도자가 뿌려 놓은 씨앗인 믿는 자들을 말씀으로 양육하고 일깨워 사명자로 세우면서 하나님 나라를 세워나갔다. 이를 본받아 우리 국토 순회 선교단도 여러 지역의 땅을 밟으면서 이미 세워진 교회와 선교 단체들과 협력하여 노방 전도, 가가호호 전도, 집회를 열고 결신자들을 지역교회로 인도하였다.

브라질의 자연은 말로 다 설명할 수 없을 정도로 아름답다. 아무리 뛰어난 화가라도 자신의 재능이 부족함을 한탄해야 할 만큼 아름답다. 저절로 "주 하나님 지으신 모든 세계" 찬송이 나온다. 청소년들은 좋은 것을 보고 그냥 지나갈 수 없었다. 물을 보면 수영을 해야 직성이 풀렸고, 먹을 것이 있으면 맛을 봐야만 했다. 절제하지 못하면 다음 약속을 못 지키고 허겁지겁하다가 주의 일을 그르칠 때도 있었다. 어떤 경우에는 리더들조차 절제하지 못할 때도 있다. 더러는 사탄이 강하게 우리의 선교 사역을 방해할 때도 있었다. 그래서 중보 기도가 중요하다. 중보 기도 사역은 전도의 문을 여는 영적인 무기이자 길이다.

"또한 우리를 위하여 기도하되 하나님이 전도의 문을 우리에게 열어 주사 그리스도의 비밀을 말하게 하시기를 구하라 내가 이것을 인하여 매임을 당하였노라" (골 4:3)
"그러므로 내가 첫째로 권하노니 모든 사람을 위하여 간구와 기도와 도고와 감사를 하되" (딤전 2:1)

브라질 내륙
버스여행

타 문화권 현지인 사역에 집중하기 위해 21년 넘게 섬겼던 디아스포라 한인교회를 사임하여 한봉헌 목사에게 바톤을 넘겼다. 타 문화권 사역에 올인하기 전 브라질 사람과 문화를 깊이 알고자 버스여행을 하기로 했다. 평소 사랑하고 아끼던 동역자 에제퀴아스 목사와 함께 8천 킬로의 먼 여행을 떠나기로 했다. 여행의 우선 목적을 하나님 사랑, 이웃 사랑, 자연 사랑을 느끼고 배우고 경험하는 것으로 정했다. 두번째 목적은 브라질을 좀 더 깊고 폭 넓게 배우는 것이었다.

우리는 쌍파울의 버스터미날 바하훈다에서 장거리행 버스에 몸을 실었다. 깜피나스(Campinas)를 거쳐 리메이라(Limeira) - 고이아스(Goias) - 꾸야바(Cuiaba)를 지나 뽀르또 벨료(Porto Velho)까지 4일이 걸렸다.

브라질은 참으로 큰 나라이다. 브라질은 26개 주가 있는데 그중 불과 3개 주를 지나는데 만 4일이 걸린 것이다. 포르또벨료에는 토요일에 도착했다. 거기에서 마나우스로 가기 위해서는 바르꼬(Barco)를 타야 하는데, 화요일 또는 금요일에만 운항하므로 이틀을 뽀르또벨료에서 보내야 했다. 화요일 400여 명 정도의 승객과 화물을 실은 바르꼬를 타고 아마존강에 들어섰다. 선상에서 본 아마존강은 아름다움과 신비로움으로 가득했다. 아마존의 뱃길을 따라 꼬박 4일을 가서야 마나우스에 도착하였다. 항구에 도착하니 필자가 중매해준 김완기 선교사가 우리를 반갑게 맞아 주었다. 김완기 선교사의 집에서 하룻밤을 보내고 그 다음날 다시 버스를 타고 목적지인 보아비스타(Voavista)에 도착하였다 쌍파울에서 장장 6천킬로 미터 떨어진 곳이었다.

보아비스타는 세계적으로 알려진 아마존 환경보호와 보존운동을 하는 행정도시이다. 또 이곳은 아마존 오지에서 선교하는 선교사를 돕는 50년 이상된 아마존전문 선교기관인 메바(Meva) 선교회, 노바스 뜨리보(Missào Novas Tribos) 선교부, 아사 지 쇼꼬호(Asa de Socorro) 항공선교회를 비롯한 위클리프(Wyeliff) 성경번역선교회 등 다양한 선교부가 밀집되어 사역하는 선교교구이다. 백선정 선교사가 사역하다가 말라리아로 목숨을 잃은 곳이기도 하며, 한인교회 민갑홍 권사의 협력으로 1995년 7월에 한인교회가 파송한 항공선교사 바우타일 학개오 선교사가 사역하는 현장이다.

필자는 여행하기 전까지는 삶을 통해서 마음에 소원한 것은 다 해본 것 같다고 생각했었다. 누구보다도 사랑받는 행복한 목회자임을 자부했고 감사의 마음이 충만했다. 그러나 언제나 목과 어깨가 뻣뻣하고 돌처럼 굳어 있어 불편함을 느끼곤 했다. 그런데 그 오래된 통증이 여행길에서 흔적도 없이 사라졌다. 그리고 이제껏 귀에 들어오지 않았던 강물 소리와 새소리가 들렸고, 눈에 들어오지 않았던 예쁜 꽃이 보이기 시작했다. 춤추는 나비의 몸짓은 얼마나 사랑스럽던지…. 하나님의 선하심과 아름다움이 가득한 자연 속에서 나의 마음은 새로운 기쁨과 감사로 채워지고 있었다.

집을 떠날 때 두려움과 함께 불안한 생각이 들지 않았던 것은 아니었다. 그러나 두려움을 살짝 붙들어 매고 하나님의 세상을 향해 마음의 창을 여니 세상은 험악하지만은 않았다. 하나님의 사랑을 발견하고, 이웃 사랑과 자연 사랑을 체험하고 배울 수 있었다.

하나님의 교회는 하나님께서 세워 가시며, 하나님의 사람은 하나님께서 키워 가심을 경험하였다. 선교는 우리가 할 수 있다고 해서 이루어지는 것이 아니라, 하나님의 방식으로 이루어 가신다는 것을 체득하는 시간들이었다. 하나님께서 모든 것을 합력하여 선을 이루도록 하신다. 생각할수록 신기하고 감사한 일은 하나님께서 그 사역에 나를 사용해 주신다는 것이다.

30여년 나와 함께한 동역자 에제퀴아스와 라우라

사실 여행을 위한 사전 준비는 없었다. 주변 사람들은 걱정하고 염려하면서 "힘이 들테니 비행기로 가시지요." "항상 조심해야 됩니다. 브라질은 큰 나라이고 가는 곳마다 환경과 문화와 인종이 다릅니다." 이런 걱정과 염려의 말들이 사전 지식의 전부였던 것 같다. 여행길은 멀고 도처에 위험이 가득했지만 구름기둥과 불기둥으로 이스라엘 백성을 인도하신 하나님께서 우리의 길도 인도해 주셨다. 버스는 큰 도시, 작은 도시, 그리고 광활한 벌판과 산림 속을 달리면서 손님을 태우고 내리기를 반복했다. 정말 다양한 사람들을 버스 안에서 만났다. 깜피나스에서 혼도니아(Rondinia) 주 대표 축구팀인 끄루제이로두술(Crugeiro do sul) 축구선수단을 만났다. 또한 꾸야바를 지나 뽄찌 데 베드로(Ponte de Prdro)까지 가는 청년 마르셀로를 통해서 새로운 전도방법을 배웠다. 그는 장거리 여행객들의 공통분모가 무료함이라는 것을 활용하였다. 그는 신앙서적을 가져와 여러 사람에게 나누어 주고 책에 소개된 신앙경험을 토대로 주님을 소개하고 있었다.

버스를 타고 가면서 브라질 사람들의 여유를 볼 수 있었다. 그들의 마음은 언제나 이웃들에게 열려 있었고, 이웃과 더불어 즐거운 시간을 보낼 줄 아는 사람들이었다. 이 큰 나라를 하나로 자탱해 주는 "아미고" 사상의 진수를 맛볼 수 있었다. 아울러 아떼 아만냥(Ate amanhà 내일) 마이스 따르지(Mais tarde 다음에), 다시 말하면 흐르는 세월에 모든 것을 흘려보내며 여유를 가지고 기다리는 삶의 자세를 목도할 수 있었다.

마또그로스 주 꾸야바(Cuiabà)를 출발하고 난 뒤부터는 길이 정말 험했다 도로가 끊기어 다른 길로 돌아가기도 했다. 그런데 끝없는 들녘을 지나면서 버스가 흔들리더니 그만 바퀴가 빠져 버려 오도 가도 못하게 되었다. 버스 운전사는 그곳에서 가장 가까운 도시가 4시간 거리라고 했다. 해 지는 들판에서 옴짝달싹 할 수 없는 처지가 되었다. 그런데 승객들 중 단 한 사람도 항의를 하는 사람이나 불안, 초조해 하는 사람이 없었다. 밤 10시가 넘어 6시간만에 다른 버스가 와서 다음 도시까지 태워다 주었지만, 누구 한 사람도 신경질을 부리거나 불평불만을 늘어놓지 않았다. 오히려 그 시간에 삐아다(Piada 개그와 같은 통통튀는 유머)를 나누며 연인이나 되듯이 다정하게 삶의 이야기들을 나누고 있었다. 게다가 들녘에서 짐승을 잡아 즉석 슈하스꼬(쇠꼬챙이에 꿰어 구운 고기)를 한쪽씩 나눠 먹기도 했다.

특별히 인상 깊었던 것은 석양에 온 들녘이 붉게 물들게 되었을 때 누군가가 노래를 시작했는데, 그를 따라서 몇 사람이 복창을 했다. 다시 선창을 하면 또 따라하면서 사람들은 자연스럽게 몸을 움직이며 춤을 만들어 갔다. 삼바춤이다. 노래와 춤은 천천히 시작되었다가 점점 빨라졌다. 남녀노소 구분없이 모두가 춤을 추었다. 그 모습이 얼마나 아름답던지, 지금도 그때의 그 낭만이 깃든 풍광은 빛바램 없이 내 마음에 감동으로 담겨져 있다.

정거리 버스 여행은 버스는 쉬지 않고 달리며 운전기사가 4시간 또는 6시간마다 바뀌면서 대륙을 달린다. 가끔씩 정류장에 10분 15분, 식사 시간에는 30분씩 정차를 한다. 정류장에는 화장실뿐 아니라 샤워사설도 갖추어 있어서 목욕도 할 수 있는데 사용료 50센타보(centavos 200

원 정도)를 받는다. 그런데 많은 사람들이 50센타보가 없어서 돌아온다. 7-8헤알(2800-3200원 정도)이면 한 끼 먹을 수 있는데, 48명의 승객 가운데 두세 사람만 밥을 사먹는다. 대부분의 사람들은 뻥징요(Paozinho 아침식사용 작은 빵)에 만떼이까(Manteiga)를 발라먹고 한 끼를 때우는가 하면, 난쇼네찌(Lanchonete) 빠다리아(보통 거리와 거리를 있는 모퉁이에 빵과 우유, 커피를 파는 곳)에서 파는 2헤알의 식사로 만족해 한다. 필자는 한창 자라는 청소년, 그것도 축구선수들이 빵 한개로 점심을 때우는 것이 마음에 걸려 23명의 축구선수들과 감독 코치에게 각각 코카콜라 한 병과 빵 한 개를 사주었다. 그들은 몸둘바를 몰라 하며 감사를 표하였다. 빵조차 배부르게 먹지 못하는 형편이었지만 그들의 얼굴은 티없이 맑고 밝았다.

석양의 노을빛 받으며 삼바 리듬에 맞춰 흥겨운 춤을 추던 사람들, 그들이야말로 내가 사랑하며 섬겨야 할 귀한 사람들이었다. 7헤알짜리 밥을 목구멍으로 넘기면서 미안한 마음이 들었다. 부끄러움으로 내 마음이 발갛게 된 듯했다. 필자는 아직도 가진 것이 많음을 알게 되었다. 무엇보다도 임마누엘 하나님께서 나와 함께 계신다는 것을 생각하면서 감사 또 감사했다. 그리고 브라질 사람들을 복음으로 섬기는 일에 선하게 나를 사용해 주시기를 간절히 기도했다.

바르코
여행

왜 그토록 많은 사람들이 아마존의 아름다움을 말하는지…. 4일 동안 아마존강을 여행하면서 알게 되었다. 하나님의 오묘한 창조의 숨결을 느낄 수 있었다. 강물 위에서 해 뜨는 모습을 보고, 또 해가 지는 석양의 아름다움을 보면서 주님을 찬양하였다. 배 안에 식당에서 식사를 하고 공동으로 목욕을 하면서 인종과 문화가 다른 사람들이 서로 섞여 교제하였다. 잠은 보통 그물침대에서 자는데, 초행길이고 안전을 위해서 우리는 까마로찌(camarote)라는 침실에서 잤다. 배를 타기 전 축구코치는 세 가지를 조심하라고 당부했다. 도둑놈이 많으니 짐을 조심하고, 술과 마약을 하는 사람과 여자를 조심하고, 절대 싸움을 해서는 안 된다고 알려 주었다. 배 안에서 어떤 일이 벌어질지 모른다는 것이다. 정말 배 안에는 별의별 사람이 다 있으니 조심하라고 힘주어 강조하면서 자칫 잘못하면 아마존 강물에 던져져서 악어밥이 될 수도 있다고 겁을 주었다.

필자는 어린 아이들에게 준비해 간 껌과 사탕을 나누어 주었고, 음료수를 사서 주변 사람들과 나누며 교제하였다. 이들은 거부하지 않고 마음을 열었으며 미소를 머금고 친절히 다가와 사진 찍기 좋은 아름다운 풍경이 나오면 알려주었다. 또 자기들의 사는 마을과 풍습, 현재 처한 환경, 어디서 어디로 가는지, 가는 목적이 무엇인지를 알려 주었다. 어느 사이에 우리는 아미고가 되어 서로 주고 받으며 다정한 친구가 되었다.

선상에서 예수님의 제자들을 생각했다. 예수님의 제자들은 가정과 경제적 수단을 뒤로 한 채 심령의 가장 깊은 갈망을 채워 주겠다는 주님의 약속을 믿고 주님을 따랐다. 새로운 길을 가기 위해서는 두려움이라는 큰 장애물을 극복해야 한다. 20년 넘는 안정된 목회를 내려놓고 새롭게 큰 변화를 시도한 필자는 종종 불확실한 미래를 생각하면서 두려움과 염려에 휩싸일 때가 있었다. 그럴 때 마다 주님께서 "두려워하지 말라 염려하지 말라 내가 너를 사랑한다" 라고 말씀하셨다.

아마존강의 바르코 여행은 지루하기 짝이 없는 시간일 수 있다. 사방을 둘러보아도 보이는 것은 물뿐이기 때문이다. 그러나 여행을 시작하면서 다짐했던 대로 편안한 마음으로 마음껏 자유를 누리면서 하나님 사랑, 이웃 사랑, 자연 사랑을 만끽해 보자고 생각하니 모든 것이 참으로 즐겁고 재미가 있으며 의미가 새롭다. 사실 먹는 것도, 자는 것도, 화장실 사용도, 목욕도 불편하기 그지없었지만 생각의 각도를 바꾸니 멋진 경험. 멋진 추억의 한 페이지가 되었다. 어떤 상황에서도 하나님의 손에 나를 내어맡길 때 나는 오히려 자유함을 느끼게 된다. 모든 것을 하나님께서 주신 선물로 생각할 때 나의 모든 삶은 하나님의 사랑으로 빚어진 것이라는 것을 깨닫게 된다. 믿음을 통해 하나님의 뜻을 이루고 싶다는 새로운 의지가 솟아났다. 믿음이란 주님과 친밀하고 인격적인 신뢰를 통해 주님의 강한 손에 나를 맡기는 고백이다. 그리고 희망은 예수님과의 관계 속에서 꽃이 피어난다. 비록 세상이 어둠에 덮여 있다 해도 예수님께서 세상을 이기셨다는 믿음은 더없는 희망이 되는 것이다 "세상에서는 너희가 환난을 당하나 담대하라 내가 세상을 이기었노라" (요16:33)

미래에 대한 아무런 준비도 없이 무조건 사역을 내려놓았던 것은 무모한 일이었을지도 모른다. 그러나 주님을 의지하고, 모든 것을 맡기고 이렇게 여행을 하고 있다고 생각하니 하나님의 크신 은혜가 감격스러웠다. 또한 아무 말없이 나와 함께하는 아내와 자녀들이 고마웠다. 드디어 마나우스에 도착하였다. 김완기 선교사가 부두에 나와서 우리를 환영해 주었다.

보아
비스타

　우리를 환영해 준 김완기 선교사와 함께 새로 지은 현지인 교회당을 방문하고 그의 여러 사역지를 돌아보았다. 김선교사는 브라질 정부로부터 정식 대학교 교수 자격증을 획득하고 마나우스 여러 신학교에서 7년 동안 강의를 해왔다. 선상에서 만나 한밤중 기도회를 함께 인도했던 마르코스가 자기를 소개할 때 한국 선생 "안드레 제자"라 했는데, 자기 집에 초대해서 감완기 선교사와 함께 방문해 보니 서로 반가와 얼싸 안는 것이 아닌가. 마르코스가 말한 선생 안드레가 김선교사의 브라질 이름이었다.

　드디어 최종 목적지인 보아비스타에 도착하였다. 바우타일 선교사에 집에 짐을 풀고 하나님께 감사예배를 드렸다. 다음날 비행장 안에 있는 '아사 지 쇼꼬호(구원의 날개)' 사무실을 방문하여 항공선교회와 사역에 대한 설명을 들었다. 항공선교회는 정말 중요한 선교사역을 감당하고 있었다. 마나우스 아사 지 쇼꼬호 선교부는 조종사 데니스 선교사와 디모데 선교사 그리고 바우터일 선교사 세 가정이 함께 사역을 감당하고 있었다. 또한 50년의 역사를 가진 전문적인 인디오 선교단체인 '메바' 선교부와 '노바스 뜨리보' 선교본부를 각각 방문하여 선교부 활동과 비전을 배우고 듣게 되었다. 이곳의 인디오 선교부들은 인디오들과 함께 먹고 마시며 인디오아 같은 모습으로 살고 있는 선교사들과 위기를 당한 인디오들을 돕고 있었다. 보아비스타의 작고 큰 선교부들을 방문하고 현지인들을 위한 보라비스타 제1교회와 제2교회를 방문하였는데 모든 선교사들이 주일학교 교사로서 봉사하고 있었다. 함께 선교지 소식을 나누며 함께 기도하고 봉사하는 선교적 교회임을 확인할 수 있었다. 선교사들을 만나고 선교사역을 돌아보면서 느낀 것은 한결같이 청교도 정신으로 검소하고 경건한 생활을 하고 있었다. 한 영혼을 귀하게 여기며 복음을 전파하고 구령운동에 힘쓰고 있었다. 또한 진정한 여유를 즐기며 서로 돕고 밀어 주면서 하나님께 영광을 돌리고 있었다. "형제가 동거함이 참으로 아름답다"는 것을 실감하였다. 50년 된 아사 지 쇼꼬호 바우타일 집 뜰 안에는 각종과일 나무가 심어져 있었다. 선교사가 부임하면 과일나무 한 그루를 심는데, 그때 12그루가 심겨져 있었다. 시절을 쫓아 풍성한 과일이 열려 온 가족이 신선한 과일을 즐기며 대접할 수 있어 너무 감사하다고 말한다. 또한 주택도 사역지를 떠날 때 있는 그대로 놓고 가기 때문에 후임이 주택문제로 고생하지 않고 오직 사역에만 집중할 수 있도록 되어 있어 좋았다.

이번 선교여행은 몸은 고달프고 힘이 들었지만 참으로 하나님 사랑을 경험하며 아름다운 하나님의 세상을 만끽하면서 "하나님이 세상을 이처럼 사랑하사"를 알게 되었고, 하나님의 사랑의 품을 체험했다. 또한 브라질과 브라질 사람들을 이해하고 사랑하는 좋은 경험을 하고 브라질 문화도 알게 되었다. 대자연의 신비와 아름다움을 무엇으로 다 표현할 수 있을까? "참 아름다워라 주님의 세계는…."

빼놓을 수 없는 또 하나의 선물은 앞으로의 선교사역에 대한 청사진을 갖게 되었다는 것이다

샤반찌족과 함께 한 정석범 선교사

샤반찌 인디오는 인디오 중 문화가 가장 뛰어난데, 선거를 통해 추장을 뽑는다. 반찌 여러 종족이 남한보다 큰 지역에 흩어져 살고 있다. 정석범 선교사는 브라질 장로교 신학을 졸업하고 미국 칼빈 신학을 졸업한 (포어, 영어, 한국말에 능통한) 실력 있는 분이다. 결혼하자마자 샤반찌에 들어가 20년간 인디오 부족선교를 하고 있는 분이다. 필자는 다이스포라 한인교회 섬길 때부터 후원을 하였다. 2차 선교여행을 일반 버스로 하면서 고이아니아를 거쳐 샤반찌에 도착했다. 정석범 선교사 가족과 함께 하룻밤을 지내면서 파란 많은 인디오 선교 이야기를 들으며 정선교님이 처한 어려운 상황과 흔들리고 있는 리더십을 들었다. 후나이(인디오 연방정부 보호청)의 허락을 받아 그 다음날 샤반찌 여러 인디오 부족마을을 순회하였다. 13살이면 결혼하여 아기를 낳으니 가는 곳마다 어린이들로 가득 차 어린이선교 필요성을 크게 느꼈다. 살고 있는 움막집, 세운 교회당을 방문하고 각 부락의 추장을 만나 보았다. 현대 문화와 동떨어진 내륙 선교의 진면목을 보았다 정글 속에 촌락을 형성하고 저들만의 독특한 문화와 전통을 소중히 여기고 있었다. 그래서 정선교사의 리더십을 강화해 주기 위해 각 부락의 추장의 역할을 감당하는 리더 20명을 상파울루로 초대하고 다음 선교지를 향했다.

가도 가도 끝이 보이지 않는 빤타나우 늪지대를 통과 숲속길을 가는데, 기관총으로 무장한 군인들이 나타나서 승객들 하나하나를 조사하면서 두 사람을 데리고 내려갔다. 더러는 무장강도들을 만나 어려움을 겪는다는 소식을 들었기에, 아무도 없는 산속에서 차를 세우고 험악한 인상을 쓰면서 다가오니 가슴이 콩알만큼 작아져 위기를 온몸으로 느꼈다. 다행히 그들은 마약 단속반들이었다.

꾸야바를 지나 정글을 통과하여 작은 마을을 지나니 우주복을 입은 사람들이 또 차를 세우고 승객 전원을 하차하게 했다. 자동차 안 밖 소독을 한 후에는 승객들 한 사람 한 사람 전원을 신발 밑까지 소독한 후 가도록 허락했다. 폴토벨료에 도착하여 우리의 계획을 따라 강바나바 선교사 집을 방문했으나, 강선교사는 성경번역선교를 위해 정글에 있다는 것이다. 강선교사는 위클리프 선교부 소속이다. 이곳은 다양한 인디오 전문 선교부들이 모여 살고 있는 공동체이기에 그곳에 있는 여러 선교부를 방문하였다. 일본 선교부, 미국 선교부. 스웨덴 선교부, 독일 선교부를 방문하였다. 특이한 것은 독일 선교부의 사역이었다. 인디오 40명을 선택하여 집중적으로 성경과 신학을 가르치고 농업과 목공. 그리고 여러 가지 기술을 가르치며 기계 다루는 법을 가르치고 있다. 그런데 온 가족이 일을 분배하여 담당하고 있었다. 그 이유를 물으니 독일 선교 본부에서 어느 날 더 이상 브라질에 선교사를 파송하지 않기로 했다고 통보해 와서 정책과 전략을 바꾸어 하나님께 기도하고 아이를 생산하는 전략을 세웠다. 20년 만에 7명의 자녀를 낳는데 성공하여 뜻한대로 가족이 함께 사역을 하고 있다며 한명 더 낳을 계획이란다. 조금 지나서 성년이 된 자녀들이 결혼하면 더욱 든든한 선교부가 될 것이라고 했다. 함께 현장사역을 돌아보며 성공한 가정사역임을 알게 되었고 가정사역의 중요성을 깨닫게 되었다.

디아스포라인의
여행

　여행은 과거를 돌아보고 현재를 살펴보고 내일의 방향을 올바르게 설계할 수 있게 한다. 그러나 현재는 팬데믹으로 말미암아 국경이 봉쇄되고, 출입국 절차가 번거롭고 복잡할 뿐만 아니라 여행 자체가 자유롭지 못하게 되었다. 필자는 은퇴 후 사역을 생활과 마음의 여유를 갖고 여행사 프로그램이 아닌 선교지를 찾아서 선교 사역과 지역 문화 탐방하기를 소원하는 분이 적지 않음을 알게 되었다. 그래서 각 나라와 민족 및 종족을 위해 사역하는 선교사들과 타 문화권에서 목회하는 디아스포라 한인교회 목회자들의 협력으로 타 문화권에서 학술 대회와 포럼, 세미나 후에 그 지역 문화 탐방을 하는 "꿩 먹고 알 먹는" 프로그램을 개발하여 진행하였다. 아쉽게도 지금은 팬데믹으로 인해 이 프로그램을 중단하게 되었다. 하지만 대신 매일 기도로 세계를 찾아가고 있다. KMQ에서 펴낸 "365일 기도로 세계 품기" 책자의 순서를 따라 매일 한 나라 한 종족을 가슴에 품고 기도하고 있다. 필자는 은퇴 후 또 하나의 중요한 사역이라 생각하고, 매일 세계 각처에 있는 선교사들과 선교에 관심을 갖고 기도하는 단체와 개인들에게 이 책자에 나오는 선교지의 역사적 배경과 현실 속에 당면한 선교적 과제와 기도 제목을 소통하고 함께 읽으며 기도하고 있다.

다아스포라인의 역사는 한 세계를 떠나 새로운 세계에 적응하려는 사람들의 삶과 활동 속에서 소외와 분리로 인한 충격적 결과의 역사이며 그리고 붕괴의 역사이다. 디아스포라인들은 뿌리째 뽑혀 있기 때문에 항상 위기 속에서 산다. 이식되는 과정에서 먼저 있던 뿌리가 끊어지고 아직 새 뿌리가 자리 잡기 전 디아스포라인들은 극한 상황에 놓이게 된다. 디아스포라인의 여행은 타 문화권을 경험하는 소중한 기회이며 자신이 구하는 것이나 생각하는 것을 초월하여 풍성하게 주시는 하나님의 사랑을 경험하게 된다.